如何申请美国中学
——美国私立寄宿中学大全

How to Choose an American
Private Boarding School

黎和平●编著

李　宁●审订

上海交通大学出版社
SHANGHAI JIAO TONG UNIVERSITY PRESS

内容提要

　　本书介绍了全美寄宿中学协会认可的约 240 所学校的特色及招生要求,并具体介绍了选择学校的要点及申请技巧(面试),旨在为留学生的学业规划提供了建议和帮助。本书适合准备留学美国读中学的学生及其家长阅读使用,也适合相关留学机构及教师阅读参考。

图书在版编目(CIP)数据

　　如何申请美国中学：美国私立寄宿中学大全/ 黎和平编著.
—上海：上海交通大学出版社,2020.12
　　ISBN 978 - 7 - 313 - 23824 - 5

　　Ⅰ. ①如…　Ⅱ. ①黎…　Ⅲ. ①高中－留学教育－概况
－美国②高中－介绍－美国　Ⅳ. ①G639.712.8

　　中国版本图书馆 CIP 数据核字(2020)第 181655 号

如何申请美国中学——美国私立寄宿中学大全
RUHE SHENQING MEIGUO ZHONGXUE——MEIGUO SILI JISU ZHONGXUE DAQUAN

编　　著：黎和平

出版发行：上海交通大学出版社	地　　址：上海市番禺路 951 号
邮政编码：200030	电　　话：021-64071208
印　　制：上海景条印刷有限公司	经　　销：全国新华书店
开　　本：787 mm×1092 mm　1/16	印　　张：12.25
字　　数：248 千字	
版　　次：2020 年 12 月第 1 版	印　　次：2020 年 12 月第 1 次印刷
书　　号：ISBN 978 - 7 - 313 - 23824 - 5	
定　　价：88.00 元	

版权所有　侵权必究

序　言

根据美国的 PSS(Private school universe survey)显示，现有的美国私立学校达到 34 576 所(此数据来源于美国教育部国家教育统计中心,2019)。

在中国大家争取优质教育资源以提升孩子升入名校的概率,美国也是如此。在美国,名牌高中与名牌大学的直接输送管道(feeder system)在经过几十年的平民教育改革之后仍然存在。当然公立高中也可以培养出非常优秀的学生,只不过正如耶鲁大学前资深招生官员彼得森先生所说:"如果你就读公立高中,你必须是学校拔尖的学生,你必须选对课程,你还要找人帮你修改申请大学的文书。而如果就读私立高中,这一切都像有人用汤匙喂食般不需要自己操心。"私立学校拥有特别有奉献精神的大学辅导员,他们专注于帮助学生向大学展示自己各方面的能力与成就。为此他们需要与大学招生办建立良好的互动关系。事实上,很多私校的大学辅导员都曾经是大学招生办官员。私立学校的大学辅导员的人数远高于全美平均水平:全美公、私立学校合起来算,平均一个大学辅导员要协助 490 个学生;而在私校,一个大学辅导员只需协助 40 个至 60 个学生。

对于青少年来说,中学到大学是一个至关重要的阶段,大学入学会考量一个孩子的综合素养,其中包括学术、个人素养、职业发展和家庭目标等。美国现有的中学不管私立还是公立,其课程也是各种各样,有 Common core、IB、AP、A Level 等。

对于那些致力要考名校的学生,其核心在于在初高中阶段必须找到相匹配的学校资源和知识来源。我们希望我们的孩子在 7、8、9 年级就能具有"大学思维模式(College thinking)",对自己为什么要学、学点什么知识都能有清晰的认识。具有自我独立学习能力。到了 9—10 年级,我们希望把孩子的"大学思维模式(College thinking)"进阶到"大学研究型(College research)"和"所做即所学(Learning by doing)"。紧接着高中的紧张学习要为升学考虑,如:学术、课程选择、教师影响、SAT 考试、课外课程、名校夏校、体育和语言等。特别是到了 11—12 年级,高中学生必须已经有一个清晰的大学目标以及明白以下问题的答案:为什么我要选择这所学校? 我的主修专业/辅修专业是什么? 我所学的专业对于未来自己的发展是怎么样的？另外,还需要准备教师的推荐信、创意写作、参加的活动、学校成绩单、参与的项目、实习经验等。这些都有助于让学生申请到理想的学校。

经过我们团队的研究和对学校的分析,我们希望能给中国家长两个方向的指导：① 找到心仪的也能匹配自己孩子能力的私立学校;② 让孩子入读的学校可以为您的孩子做好未来的求学规划。

前　言

　　教育是富国、富家之本。世界上的人,不管来自何国,出自何种民族,都极其重视子女的求学及受教育程度,尤其是具有孔孟遗风的中华民族。在西学东渐了二百年后,出国留学仍然是许多父母对子女的期望,他们想尽办法,倾其所有把子女送往美国、欧洲、澳洲、日本等地求学,在所有热门的求学地中,美国是很多家长及学子们的首选。

　　近十多年来,随着中国经济的快速发展,人们生活水平提高,留学人数也逐年增加。原本的出国留学生以读大学及研究生为主,而现在送青少年出国接受中学教育的热潮悄悄兴起。大家开始意识到美国高等教育要有相应的初等教育作为基础。

　　笔者有近四十年教龄,在美国教育系统也工作了二十几年,看到过不少留学生因未能慎选适合自己的学校而沦落为问题少年,以致不仅未能达到留洋深造的目的,反而贻误了大好前程。为帮助小留学生及家长选择合适的学校,我们在广泛了解、深入研究后,编撰了本书,希望能对有心送子女去美留学的家庭有所帮助,也为中国对美国教育的研究提供基础信息。

　　美国的中学教育基本上分为两大部分:一部分是以平民普及教育为主的公立教育系统;另一部分则是以精英教育为主的私立教育系统。笔者在美国的公立教育系统工作多年,充分了解公立教育的地位和作用,但公立教育毕竟只是美国中学教育的一部分。从公立中学毕业考入美国一二流如常春藤盟校的学生,通常要一至两年时间才能适应并融入这些大学的教学运作程序。

　　私立寄宿学校在美国历史中一直具有合法稳固的地位,后来因为有人抱怨其不够平民化,带有性别和种族歧视而受到挑战,于是很多私立寄宿学校在 20 世纪 60 年代开始调整办学方针,注意突显性别、种族平等,强调学生的学业表现而不是他们的出身。

　　20 世纪 70 年代至 80 年代,寄宿学校再次面临认同危机,人们开始怀疑寄宿学校对青少年成长的正面影响,于是私立日间走读学校开始快速成长。但同时,私立寄宿学校的申请人数仍然持续增长。私立寄宿学校尽管学费都很高,但申请者仍然很多,比 20 年前增长了 17%，入学难度与全国顶尖名牌大学相同。东北部最有声誉的七大名校（后简称七大名校）的申请录取率也从 20 年前的 35% 收紧到 29%，门槛越来越高。

人们对私立寄宿学校能维持高度兴趣的原因，除了这些学校有丰富的课程设置、超众的教学设施、更为多样化的学习内容及完善的道德教育之外，大幅增加的经济资助也功不可没。七大名校中有六所学校每年所获捐赠超过八所常春藤盟校中如宾夕法尼亚大学、布朗大学和康乃尔大学等，也超过三小名校（The Little Three）、阿姆赫斯特（Amherst）、威廉斯（Williams）和韦斯利（Wesleyan）。这使七大名校中三分之一的学生可获得经济资助，奖助学金可支付 71.4% 的学费。很多私立名校如圣安德鲁斯、圣保罗等，为了吸引资优生，都采用不考虑家庭支付能力的招生政策（Need-blind basis）。

国内外有很多人对寄宿学校了解不够。甚至一个在美国首都华盛顿所做的调查显示，很多家长会把送子女到寄宿学校视为家里有麻烦的信号。不是子女行为不端，在校学习成绩低下，就是家庭在某方面发生了问题。实际上，确实有专门为行为不良和学习能力有限的学生开设的寄宿学校。但大多数寄宿学校是为那些要求有更高水平发展的学子而设的。学生在这些学校可以在学科上锻炼自己，在运动上更上一层楼，或在艺术上有更好的发展。

尽管进入美国常春藤大学的竞争激烈，但寄宿学校学生进入美国常春藤盟校和顶尖名校的比率还是最高的。2015 年，光是七大名校就有四百多人进入哈佛大学、耶鲁大学等常春藤盟校，其他寄宿学校也有上千人进入这些名校，占新生总数的三分之二左右。

作者希望能向大家提供对美国的私立寄宿学校较详尽的介绍，使大家能对私立寄宿学校有一定了解。本书经过长时间搜集数据，再进行对比分类编纂而成。本书编入的二百多所寄宿学校都是美国寄宿学校协会的成员，都是质量较高且信誉可靠的寄宿学校。近些年来，外来留学生也有进入走读私立中学就读，这些学生都寄住在寄宿家庭或入住亲戚朋友家里。也有些走读学校为了增加收入，吸引外国学生就在校外租房，管理上则外包给管理公司或雇用保姆来照顾学生的生活起居。这两种方式都存在很多隐患。我在纽约市教育局招生办工作的十多年中，为这两种留学方式的留学生办理转学的案例多不胜数。所以本书只收录美国寄宿学校协会的二百多所会员学校。这些学校全是按正规寄宿学校所要求的理念来设置的，对学生的全面管理靠谱得多。

书中关于学校介绍的信息均来自美国寄宿学校协会，并经过作者一一确认得出。书中的"历届学生去向"一栏也是根据美国寄宿学校协会对每个学校学生被大学录取的统计资料总结而出的，这是衡量一个学校教学质量的重要参考信息。本书按美国各州的字母顺序排列编录，各州内学校的排列也以字母顺序为基础，但在分类目录中则有名校分类、特别学校分类及根据学校提供的特别课程及项目进行的分类,读者可根据目录查找不同类别的学校。

　　本书在撰写过程中,得到很多朋友的帮助。首先,我非常感谢曾任名校菲利普艾瑟特学(书)院招生部主任理查德·舒伯特先生(Richard Schubart)所提供的指导及帮助;也非常感谢相关的美国私立寄宿院校为本书的出版提供了大量的文字及数据。同时,多谢李雁南先生对本书的出版提供编辑方面的协助。

　　需要说明的是,各院校的排名均不分先后,各有优点和专长。编者认为,各位家长及学生选择学校时,应着重考虑自己适合读哪一间学校或者是哪一间学校更适合自己。

　　由于本书的编者水平之限,期望能得到广大读者和专家的批评与指导。

黎和平

目　录

美国名校录取率较高的前 100 所中学 ……………………………………… 1

为什么要送孩子入读全寄宿学校——寄宿学校和走读学校的优劣对比 ……… 5

如何做好面试准备 ………………………………………………………… 7

美国私立寄宿中学名录 …………………………………………………… 11

附录 ………………………………………………………………………… 177

　　八大名校 …………………………………………………………… 177

　　开设有暑期班或夏令营的学校 …………………………………… 178

　　军事学校 …………………………………………………………… 182

　　开设有特殊教育课程的学校 ……………………………………… 183

美国名校录取率较高的前100所中学

注："入读人数"为：入读"哈佛大学、耶鲁大学、普林斯顿大学"的人数

　　"人数"为：平均毕业人数

	学 校 名 称	所在州	学校性质	成功率(%)	入读人数	人数
1	Roxbury Latin School	MA	私立	21.106	42	50
2	Brearley School	NYC	私立	20.904	37	44
3	Collegiate School	NYC	私立	20.000	42	53
4	Groton School	MA	私立	17.857	60	84
5	Dalton School	NYC	私立	17.580	77	110
6	Spence School	NYC	私立	17.160	29	42
7	Horace Mann School	NYC	私立	16.772	106	158
8	Winsor School	MA	私立	16.744	36	54
9	Milton Academy	MA	私立	15.843	109	172
10	Phillip Academy	MA	私立	15.681	167	266
11	Phillips Exeter Academy	NH	私立	14.754	153	259
12	Trinity School	NYC	私立	14.602	66	113
13	St. Albans School	DC	私立	14.110	46	82
14	Chapin School	NYC	私立	14.085	20	36
15	St.Paul's School	NH	私立	13.701	77	141
16	Saint Ann's School	NYC	私立	13.542	39	72
17	National Cathedral School	DC	私立	12.715	37	73
18	Polytechnic School	CA	私立	11.884	41	86
19	Hotchkiss School	CT	私立	11.009	60	136

（续表）

	学 校 名 称	所在州	学校性质	成功率(%)	入读人数	人数
20	Brunswick School	CT	私立	10.860	24	55
21	Deerfield Academy	MA	私立	10.765	76	17
22	Potomac School	VA	私立	10.345	30	73
23	Belmont Hill School	MA	私立	9.689	28	72
24	Baldwin School	PA	私立	9.524	16	42
25	Maimonides School	MA	私立	9.424	18	48
26	Hunter College High School	NYC	公立	9.358	67	179
27	Gilman School	MD	私立	9.346	40	107
28	Sidwell Friends School	DC	私立	8.989	40	111
29	Hopkins School	CT	私立	8.972	41	114
30	Pingry School	NJ	私立	8.841	45	127
31	St. John's School	TX	私立	8.704	43	124
32	Buckingham Browne & Nichols School	MA	私立	8.647	39	113
33	Lakeside School	WA	私立	8.571	39	114
34	Harvard-Westlake School	CA	私立	8.240	88	267
35	San Francisco University High School	CA	私立	8.226	32	97
36	Episcopal Academy	PA	私立	7.783	33	106
37	Greenhill School	TX	私立	7.752	30	97
38	Haverford School	PA	私立	7.749	21	68
39	Lawrenceville School	NJ	私立	7.665	64	209
40	Regis High School	NYC	私立	7.648	40	131
41	Ransom Everglades School	FL	私立	7.602	39	128
42	Holton-Arms School	MD	私立	7.541	23	76
43	Georgetown Day School	DC	私立	7.256	34	114
44	Greenwick Academy	CT	私立	7.407	16	54
45	St. Andrew's School	DE	私立	7.380	20	68
46	Fieldston School	NYC	私立	7.308	38	130
47	Germantown Friends School	PA	私立	7.295	24	82
48	Delbarton School	NJ	私立	7.285	33	113

（续表）

	学　校　名　称	所在州	学校性质	成功率(%)	入读人数	人数
49	Landon School	MD	私立	7.220	20	69
50	Professional Children's School	NYC	私立	7.286	12	42
51	Choate Rosemary Hall	CT	私立	7.259	65	227
52	Tower Hill School	DE	私立	6.912	15	54
53	Crystal Spring Upland School	CA	私立	6.838	16	59
54	Hackley School	NY	私立	6.649	25	94
55	Bryn Mawr School	MD	私立	6.646	21	79
56	Hathaway Brown School	OH	私立	6.599	13	49
57	College Preparatory School	CA	私立	6.502	21	81
58	Taft School	CT	私立	6.446	39	151
59	Princeton High School	NJ	公立	6.298	65	258
60	Greens Farms Academy	CT	私立	6.250	12	48
61	Maret School	DC	私立	6.204	17	69
62	Head-Royce School	CA	私立	6.189	19	77
63	John Burroughs School	MO	私立	6.154	24	98
64	Menlo School	CA	私立	6.107	32	131
65	Stuart Gountry Day School of the Sacred Heart	NJ	私立	6.087	7	29
66	Agnes Irwin School	PA	私立	6.091	12	49
67	Westminster Schools	GA	私立	5.959	46	193
68	Pembroke Hill School	MO	私立	5.928	23	97
69	Marlborough School	LA	私立	5.902	18	76
70	Bishop's School	CA	私立	5.897	24	102
71	Thomas Jefferson H.S.	VA	公立	5.893	95	403
72	Seven Hills School	OH	私立	5.809	14	60
73	Noble and Greenough School	MA	私立	5.665	23	102
74	Community School of Naples	FL	私立	5.556	7	32
75	Castilleja School	CA	私立	5.430	12	55
76	Nightingale-Bamford School	NYC	私立	5.389	9	42
77	Convert of Sacred Heart	NYC	私立	5.357	9	42

(续表)

	学 校 名 称	所在州	学校性质	成功率(%)	入读人数	人数
78	Packer Collegiate Institute	NYC	私立	5.340	11	52
79	Chadwick School	CA	私立	5.229	16	77
80	William Penn Charter School	PA	私立	5.028	18	90
81	Scarsdale High School	NY	公立	4.911	58	295
82	Princeton Day School	NJ	私立	4.878	16	82
83	Ramaz School	NYC	私立	4.878	24	123
84	Kent Place School	NJ	私立	4.878	10	51
85	Peddie School	NJ	私立	4.810	24	125
86	Indian Springs School	AL	私立	4.762	11	58
87	Bronxville High School	NY	公立	4.706	16	85
88	Canterbury School	FL	私立	4.698	7	37
89	Riverdale Country School	NYC	私立	4.646	21	113
90	Milburn High School	NJ	公立	4.637	37	200
91	Allendale Columbia School	NY	私立	4.511	6	33
92	University of Chicago Laboratory School	IL	私立	4.626	21	114
93	Altamont School	AL	私立	4.420	8	45
94	St. Andrew's Episcopal School	MS	私立	4.418	11	62
95	Shady Side Academy	PA	私立	4.400	22	125
96	Hawken School	OH	私立	4.378	19	109
97	University School	OH	私立	4.359	17	98
98	Bancroft School	MA	私立	4.348	10	58
99	Pine Crest School	FL	私立	4.330	31	179
100	St. Mark's School of Texas	TX	私立	4.308	14	81

为什么要送孩子入读全寄宿学校

——寄宿学校和走读学校的优劣对比

当学生申请寄宿学校面试时,学生和家长都常常被问到这么一个问题:你为什么要申请寄宿学校而不是走读学校?你认为寄宿学校在哪些方面能给你(你的孩子)提供更好的教育和成长机会?这是学校想了解你对美国寄宿学校的认识,希望你真的理解寄宿学校会给你(你的孩子)提供更好的教育资源和有助于你(你的孩子)成长为更优秀的社会人才,而不是因为这个学校比其他学校名气更大些。

有不少家长和国内的中介机构会把全寄宿学校和走读学校混在一起,以为上哪种学校都是一样的。其实不然。我在给有意送孩子来美国留学的家长提供建议时,会先让家长明确选择学校的两个前提:① 选公立学校还是私立学校? ② 选全寄宿学校还是走读学校?

美国的很多名人,包括总统、成功企业家、学者、演艺明星、著名运动员、政治家大多都是私立学校培养出来的,而且是私立寄宿学校。很多美国人家附近的公立私立学校也都很好,但偏偏要送孩子去离家百里或者千里的寄宿学校就读。寄宿学校究竟有什么魅力吸引家长们?

上寄宿学校的学生会具有较强的独立性。寄宿学校会尽其所能地为学生营造家的感觉。但学校毕竟不是孩子可以向父母撒娇赖皮的家。学校规定要独立完成的事,孩子会自动去完成;遇到不想或不能独立完成的学生,学校老师会有办法让他们去完成。

寄宿学校是培养学生全面发展的基地。所有全寄宿的学校在教学、体育运动、社团活动、艺术培训等方面的设施都比走读学校要齐全得多。有些学校泳池、冰球馆、高尔夫球场、篮球场都是奥运或国际专业水准的。这些设施就在校内,不必在放学之后或假日另外安排时间去参加外面的培训了。有些学生不知道如何去利用学校的资源,没有报名参加学校的相关活动,这是非常可惜的。

寄宿学校的大部分老师都跟学生一起住校,教学班级都是小班教学,学生和老师互动的机会也比较多。学生如有问题需要找老师帮忙解决的,直接见面或预约都很方便。老师想要找学生也容易多了。学校一周七天,都有活动安排,学生在校内所有活动都在老师和监管人员的参与下进行。所以寄宿学校的教育是全天候、全时段的。

　　学生因为住校,省却了每天上学、放学的通勤时间,会有更多时间去读书、做功课和参加课外活动。寄宿学校的学生,由于朝夕相处,同吃同住,关系更为密切,也较容易成为终身的朋友。良好的校友关系是学生一生非常珍贵的社会资源,会成为学生未来在事业上、生活上不可或缺的助力。

　　我把全寄宿学校和住寄宿家庭走读的留学方式通过下表做个优劣势比较,希望能为大家提供参考依据。

选择全寄宿学校和让孩子住寄宿家庭走读的优劣对比

全 寄 宿		住寄宿家庭走读	
优　势	劣　势	优　势	劣　势
教师与学生共同住校,随时解决学习及生活问题。学校的教学、体育运动、才艺、社团活动设施较齐全。	学校通常位于较偏远的地区。	能亲身体验西方家庭文化。	难以遇到理想的寄宿家庭。
学校设有专职辅导老师分别担任心理辅导、学业指导、课外活动教练。	家长和亲友不能随时探访。	可供选择的学校较多。	寄宿家庭无法承担学生上补习班、参加课外活动接送的重责。
学生有充分的时间参与学术、运动、社区活动。活动由学校统一安排与监督。	家长与孩子的交流机会减少。	可为家庭节省开支。	学生容易对家庭生活产生疏离感。
更能培养学生的独立性,并统一管理生活。	有些孩子会想家而不能适应。		学生对寄宿家庭的管教容易产生抵触情绪。
与同学同吃同住,更容易与同学发展成终身的朋友。			
一周七天的活动安排,接受全天候的教育成长机会。			

如何做好面试准备

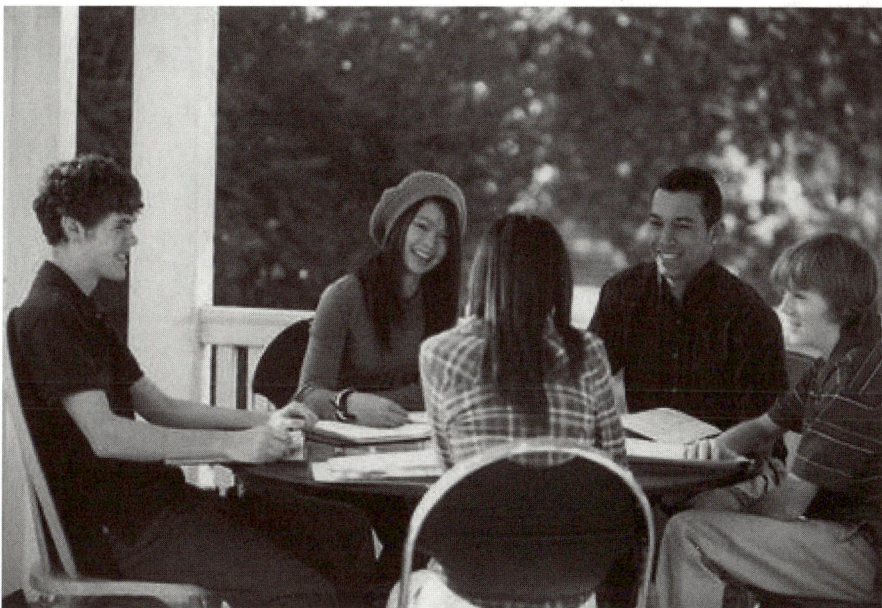

　　近年来,申请到美国中学留学的学生人数急剧增长。越来越多的家长希望孩子尽早适应美国的教育环境,所以申请学生的年龄也有所下降。但是美国的大多数学校并没有因这种趋势而增加对中国大陆学生的招生名额,尤其是那些顶尖的名校,每年招收中国学生的配额都只有 4 到 5 个,造成了僧多粥少的激烈竞争局面。据了解,各个学校每年都有超过 100 位的申请人来争夺这 4 到 5 个名额。学校的招生压力大增。为了减压,学校纷纷提高入学门槛。很多学校把托福最低要求提高到 105 分。

　　可喜的是中国的孩子确实很优秀。很多孩子小小年纪就考出很高的托福分数和 SSAT 分数。学校招生办常常面临着怎样能从上百个学习、艺术、运动才能、领导能力、社会活动经历都很出色的学生中挑选出 4 到 5 个学生录取的困境。作为申请人,不得不思考这样一个问题:在高手如云的竞争状况中,如何脱颖而出?

　　学校的招生委员会通常不会在这些优秀学生中做出谁的托福或者 SSAT 分数高一两

分这种细微的比较。在选择学生的程序中,面试成了他们在众多优秀竞争者中挑选胜出者最重要的环节了。他们会通过面试来检验学生的能力、素质和潜能。

那要从哪几个方面着手准备面试呢?

首先,要提高学生自身的口语、阅读和写作能力。有人可能会怀疑,面试不就是口语好就行了吗?其实不然,面试官除了看学生的口语能力外,会有办法检查学生的阅读和写作能力。我在与学校沟通的过程中,常常听到他们说某学生的阅读和写作能力可能应付不了我们学校的挑战性的课程。

其次,面试时要自然,让面试官觉得你的陈述很真诚。最好能把面试看作是在和老师聊天,这样就不会觉得紧张。提问及回答问题时都要看着面试官,说话带点幽默的学生是很讨喜欢的。切记千万不要抢话、插话。如果面试官没有问你有什么问题,而你很想问问题时,要礼貌地说:"Can I ask you a question?"得到允许后才问。还要记得,所有陈述、回答及提问,不要涉及政治、宗教、种族等敏感议题。如被问到了,也不要妄加评议。

第三,面试时的着装要符合本人的气质和形象,不夸张也不能过于随意。如果你在申请文件中展示的是一个刻苦好学的学生,那就在穿着上带点书生气;如果你展示的是领袖型的学生,着装可以正式些;但是就算你已经是专业级的运动员,也不应该穿着运动服去面试;近年来常常被诟病的一点是:明明是一个中学生,面试时却一身名牌。

第四,我建议面试前要针对每个要申请的学校做一个笔记。把这个学校的办学宗旨、特色、著名的校友等等排列出来,并准备好回答:"Why do you like to come to our school? What do you think our school can help you to reach your goal?"这几个问题。面试官常会用不同的方式来考察你对学校的了解程度,也看你是否是学校想要的学生。学生自己也要把想问面试官的问题事先列好,做好笔记。写过一遍的事情,容易储存在记忆里,面试时也就比较自如。

最后,大家一定很想知道面试官会问什么问题。根据我了解,各校各个面试官对不同的面试对象问的问题都不固定。我根据几十年来与大多数名校考官交流的经验,总结了下面一些提问频率较高的问题,希望对大家有帮助:

1. What do you like about XXXX school?

2. How would you describe your family?

3. What aspects of school are most important to you?

4. What are your goals for the next few years?

5. What are your strengths and what do you perceive as your weakness?

6. What class/subject you enjoy the most?

7. What do you do in your free time?

8. How would your favorite teacher/ friend describe you?

9. What/Why are you interested in XXXXX school?

10. What experience has made an impact on you?

11. Are you in or have been in any leadership roles?

12. What current issues concern you or please you?

13. What do you typically do during your summers?

14. Do you happen to know what field you are interested in?

15. What activities do you find most satisfying, sports, music, arts, reading, etc.?

16. Why are you interested in coming to boarding school?

17. Who is your favorite author and why?

18. Tell me something that I must know about you.

19. Are you and your parents in agreement about your interest in boarding school?

20. Who has influenced you the most in your life?

一个曾在 Phillips Exeter Academy 就读的学生回答的面试范本

What do you like about XXXX school? (Based on Phillips Exeter Academy)

I think Phillips Exeter is the right choice for me because it is an environment that emphasizes collaboration and the exploration of multiple perspectives. I appreciate that as a student, and I'll get the chance to hear different perspectives of a single issue. What's really important to me is that I am hearing those perspectives from my own peers and not just being lectured about what history has considered to be right from an older educator. I think it will really help me to develop my own views and teach me to consider all sides of an issue before making any decisions.

Do you happen to know what field you are interested in?

Right now, I think I'm most interested in psychology. When I was younger, I wanted to be a doctor. But we discovered pretty quickly that I cannot stand the sight of blood. I can't really pinpoint when I started being interested in psychology but I remember wanting to be a psychologist because I wanted to help people whose disabilities were more invisible to the world than those with physical disabilities. As I've grown older, I've grown to love psychology because of the way it encompasses other fields of knowledge and allows me to learn about other subjects in completely different ways.

Why are you interested in coming to boarding school?

I'm particularly interested in boarding school because I think it offers me a type of education that I can't get at a day school. I am living with my peers 24/7, without my parents there to help me solve problem. It teaches me a type of independence that I can't get while living at home, while also giving me a nurturing and caring academic environment.

What do you do in your free time?

I really like to make sure that I'm separating my free time from the time I spend doing my extracurricular activities. What makes it different for me is that while I am doing things that I enjoy outside of school in both of those times, my free time is really for me to relax and practice self-care. I like to do casual reading, as well as spending time connecting with my friends.

美国私立寄宿中学名录

1. Indian Springs School(印第安春泉学校)

网　　址：www.indiansprings.org

所 在 州：亚拉巴马州(Alabama)

地　　址：190 Woodward Drive，Indian Springs，AL35124 - 3272

招生范围：日间部：9—12 年级

寄宿部：8—12 年级

学生人数：279 人(男生 145 人,女生 134 人)

〔住宿部 81 人(30%)，日间部 198 人(70%)〕

入学要求：登录 CIEE 进行网上申请,然后递交托福、PSAT、ACT、SAT 成绩、学校成绩单、教师推荐信。

2019 年学费：US $58 200(国际生寄宿部)

学校简介：这是一所中等规模的大学预备学校,建校于 1952 年。课程设置强调适合不同学生的需要并带有挑战性。学校从校园设计到各项设备都以为学生创造良好的学习环境为出发点。教师大多拥有硕士、博士学位,他们也都住校以便于就近督导和照顾学生。

AP 课程设置：欧洲历史、美国历史、法语、西班牙语、音乐理论、物理、化学、生物。

运 动 队：篮球队、足球队、排球队、棒球队、高尔夫球队、网球队、垒球队。

社　　团：桥牌社、艺术社、象棋社、新闻社、乒乓球社、戏剧社、写作社。

历届学生去向：普林斯顿大学、斯坦福大学、耶鲁大学、哈佛大学、麻省理工大学、埃默里学院、宾夕法尼亚大学、杜克大学。

2. St. Bernard Preparatory School(圣伯纳学校)

网　　址：www.stbernardprep.com

所 在 州：亚拉巴马州(Alabama)

地　　址：1600 St. Bernard Drive，S. E. Cullman，AL35055 – 3057

招生范围：日间部：7—12 年级

　　　　　寄宿部：7—12 年级

学生人数：160—180 人

入学要求：网上申请、面试、学校成绩单、两封教师推荐信、经济证明、健康证明。

2019 年学费：US $43 450（国际学生寄宿部 9—12 年级）；US $39 680（7—8 年级）

学校简介：圣伯纳学校是一所天主教男女同校的小型私立学校，建校于 1891 年。学校课程设置以大学预备为基础，并在此基础上开设其他具有挑战性的课程，对学生要求严格，要求学生发展成全面的社会人才。

AP 课程设置：微积分 AB、化学、英文、英国文学、美国政府与政治。

运 动 队：足球队、篮球队、田径队、越野赛队、网球队、棒球队、垒球队、游泳队、排球队。

社　　团：围棋社、社区服务、计算机社、外语社、戏剧社。

历届学生去向：哈佛大学、麻省理工大学、布朗大学、波士顿学院、乔治华盛顿大学、卡内基梅隆大学、密歇根州立大学、杨百翰大学、布尔茅尔学院、阿拉巴马大学、佛罗里达大学。

3. The Orme School（奥姆学校）

网　　址：http：// www.ormeschool.org

所 在 州：亚利桑那州（Arizona）

地　　址：HC 63，Box 3040 Mayer，AZ86333

招生范围：日间部：8—12 年级

　　　　　寄宿部：8—12 年级

学生人数：126 人

入学要求：学校成绩单、教师推荐信、面试。

2019 年学费：US $48 000（外国学生寄宿部）

学校简介：这是一所中型偏小的大学预备学校，建校于 1929 年。1999 年暑假完成校舍翻新，重建及加建了学生宿舍。奥姆学校开设有多项带挑战性的大学预科课程项目。每班学生人数不超过 10 人。

AP 课程设置：英语、西班牙语、美国历史、欧洲历史、英国话剧。

运 动 队：足球队、英式足球队、排球队、游泳队、爬山队、网球队、马术队及田径队。

社　　团：艺术社、滑雪社、历史社、山脉自行车社、骑马社、舞蹈社、农业活动社。

历届学生去向：达特茅斯学院、加州大学洛杉矶分校、宾州州立大学、亚利桑那大学。

4. Southwestern Academy（西南书院）

网　　址： www. southwesternacademy.edu

所 在 州： 亚利桑那州（Arizona）

地　　址： Beaver Creek Campus Southwestern Academy 8800 East Ranch Campus Road. Rimrock，Arizona 86335

招生范围： 日间部：9—12 年级

　　　　　　寄宿部：9—12 年级

学生人数： 120 人（男生 67 人，女生 53 人）

入学要求： 学校成绩单、考试成绩、面试。

2019 年学费： US $50 500（外国学生寄宿部）

学校简介： 该校是一所小型寄宿学校，建校于 1924 年。学校开设全年授课课程，各学科设计完全采用加州圣玛莉诺书院的课程标准。学生与教师的比例只有 4：1，即一个教师教四名学生，超小班教学，使学生受到充分的关注，更能发挥个别教学的优点。

AP 课程设置： 代数Ⅰ和Ⅱ、几何、美国文化、艺术史、生命科学、区域研究。

运 动 队： 篮球队、足球队、排球队、垒球队、网球队。

社　　团： 西南国际俱乐部、艺术社、音乐社、环境社。

历届学生去向： 纽约大学、加州大学、波士顿大学、华盛顿大学、宾夕法尼亚大学、普渡大学。

5. Verde Valley School（翠谷学校）

网　　址： www.vvsaz.org

所 在 州： 亚利桑那州（Arizona）

地　　址： 3511 Verde Valley School Road Sedona，AZ86351

招生范围： 日间部：9—12 年级

　　　　　　寄宿部：9—12 年级

学生人数： 298 人

入学要求： 托福成绩、学校成绩单、学生写作范文、原校校长及辅导员报告书、三封教师推荐信、家庭背景了解。

2019 年学费： US $49 800（外国学生寄宿部）

学校简介： 这是一所小型私立学校，建校于 1949 年。学校的课程设置注重不同学科的融会贯通。学校要求教师采用跨学科教学，使学生在学习某一学科时能同时应用其他学科的知识。

　　AP 课程设置：无设置。

　　运　动　队：篮球队、爬山队、高尔夫球队、英式足球队、网球队、舞蹈队。

　　社　　　团：山地自行车俱乐部、体育课、瑜伽。

　　历届学生去向：斯坦福大学、达特茅斯特学院、芝加哥大学、威廉玛丽学院、加州大学伯克利分校。

6. Subiaco Academy（苏比亚科书院）

　　网　　　址：www.subiacoacdemy.us

　　所　在　州：阿肯色州（Arkansas）

　　地　　　址：405 North Subiaco Avenue Subiaco，Arkansas 62765 – 9798

　　招生范围：日间部：7—12 年级

　　　　　　　　寄宿部：7—12 年级

　　学生人数：189 人

　　入学要求：SSAT、TOFEL、SLEP 成绩、学校成绩单、两封教师推荐信、面试。

　　2019 年学费：US $35 000（外国学生寄宿部）

　　学校简介：这是一所中偏小型的天主教男校，招收 7—12 年级生，建校于 1887 年。学校课程除基础课程之外还包括艺术、音乐、戏剧和其他体育课在内的辅助课程。

　　AP 课程设置：美国历史、视觉艺术、美国政府与政治、统计、英语文学与写作、英语语言与写作、经济、计算机科学、化学、微积分 AB、生物。

　　运　动　队：棒球队、篮球队、野营队、橄榄球队、足球队、高尔夫球队、网球队、田径队。

　　社　　　团：艺术俱乐部、蓝调俱乐部、唱诗班、电影俱乐部、戏剧小组、爵士乐合奏、模特队、科学小组。

　　历届学生去向：乔治华盛顿大学、赖斯大学、俄亥俄州立大学、伊利诺伊大学香槟分校、南加州大学、加州大学圣迭戈分校、西点军校、维克森林大学、普渡大学、匹兹堡大学。

7. Army and Navy Academy（加州陆海军学院）

　　网　　　址：www.armyandnavyacademy.org

　　所　在　州：加利福尼亚州（California）

　　地　　　址：2605 Carlsbad Blvd. Carlsbad，CA92018

　　招生范围：日间部：7—12 年级

　　　　　　　　寄宿部：7—12 年级

学生人数：310人

入学要求：ISEE(高中入学考试)、SSAT成绩、外国学生需托福成绩单、学校成绩单、面试。

2019年学费：US $41 500(外国学生寄宿部)

学校简介：该校建校于1910年，是只招收男生的学校，由上将戴维斯创办。该校注重培养学生在学习、体能、领导才能等多方面的综合能力，所以课程设置也以如何达到个人成就、建立个人荣誉感及其他社会活动为宗旨。

AP课程设置：艺术、生物、微积分BC、化学、英语、法语、物理、心理学、西班牙语、美国历史、数学、物理、化学、历史等。

选修课非常丰富，包括：电讯、交通、工业、农业、水利、建筑、驾驶、商业、时装、食品、环境、经济、法律、文秘、外语、家政、航运、维修等。

运 动 队：英国足球队、篮球队、游泳队、摔跤队、长跑队。

社　　团：乐队、表演艺术。

历届学生去向：加利福尼亚州立大学、内华达大学、马里兰学院。

8. The Athenian School(雅典学校)

网　　址：www.athenian.org

所 在 州：加利福尼亚州(California)

地　　址：2100 Mt. Diablo Scenic Blvd Danville，CA94506 - 2002

招生范围：日间部：9—12年级

寄宿部：9—12年级

学生人数：300人

入学要求：ISEE和SSAT成绩、学校成绩单、教师推荐信、面试。

2019年学费：US $70 350(外国学生寄宿部)

学校简介：雅典学校位于加州旧金山湾区，建校于1965年。学校采取小班教学，每班人数不超过15人。因此，除了标准的各科课程设置外，还有大学先修课程，各科设有荣誉课程及各种课外活动项目，包括社区服务、国际交换生项目、野外活动等。学校强调学习、礼仪、尊重及荣誉。

AP课程设置：英语语言文学、世界史、欧洲史、西班牙语、法语、摄影艺术、统计学、微积分AB/BC。

运 动 队：网球队、羽毛球队、篮球队、垒球队、排球队、棒球队、越野队、足球队、游泳队、田径队、摔跤队。

社　　团：飞机制造社团、合唱团、亚洲学生俱乐部、卡泼卫勒舞、击剑队。

历届学生去向:耶鲁大学、约翰·霍普金斯大学、麻省理工学院、加州伯克利分校。

9. Cate School(凯帝学校)

网　　址:www.cate.org

所 在 州:加利福尼亚州(California)

地　　址:P. O. Box 50051960 Cate Mesa Road Carpinteria，CA93013

招生范围:日间部:9—12 年级

寄宿部:9—12 年级

学生人数:265 人(220 人住宿)

入学要求:SSAT 成绩、学校成绩单、教师推荐信、个人推荐、面试。

2019 年学费:US $62 900(外国学生寄宿部)

学校简介:这是一所中型寄宿学校,建校于 1910 年。90％的该校教师与学生一起住校。学生在修完每科的基础课程之后,便可修读大学先修课程。自 1990 年以来,该校的毕业生在全国寄宿学校中一直保持最高比例的"国家成绩优胜奖"(National Merit Finalists)获奖率,是全美模范学校之一。

AP 课程设置:艺术历史、生物、微积分 AB/BC、化学、计算机、英语、英国文学、环境科技、法语、法国文学、宏观经济学、物理学 B/C、西班牙语、西班牙文学、统计、录音艺术、美国政府与政策、美国历史。

运 动 队:橄榄球队、水球队、篮球队、足球队、棒球队、高尔夫球队、长曲棍球队、田径队、垒球队、游泳队、冲浪队、攀岩队。

社　　团:圣经学习、黑人学生联盟、环保俱乐部、爵士乐队、模拟审判、国际俱乐部、皮划艇俱乐部、汉语俱乐部、室内合唱队。

历届学生去向:哈佛大学、耶鲁大学、斯坦福大学、哥伦比亚大学、加州大学伯克利分校、麻省理工学院、宾州大学、布朗大学。

10. Dunn School(岱恩学校)

网　　址:www.dunnschool.org

所 在 州:加利福尼亚州(California)

地　　址:P. O. Box 98 2555 HWY 154 Los Olivos，CA93441

招生范围:日间部:6—12 年级

寄宿部:8—12 年级

学生人数:252 人

入学要求:SSAT 成绩、学校成绩单、教师推荐信、面试。

2019 年学费:US $64 350(外国学生寄宿部)

学校简介:该校建于 1957 年。课程设置较有挑战性,大学先修课程有八科之多。学校采取小班教学。该校设置的"学习技巧计划"包含提前申请大学所必需的课程,同时户外教育课程、各项体育运动以及顾问服务也很完善。

AP 课程设置:英语、英国文学、化学、生物、环境科学、统计、西班牙语、世界历史、美国历史、美国政府、艺术。

运 动 队:篮球队、足球队、爬山队、冲浪队、自行车队、排球队、游泳队、田径队。

社　　团:乒乓球俱乐部、投资俱乐部、网球俱乐部、阅读俱乐部、辩论社、编织社、烹饪社。

历届学生去向:宾夕法尼亚大学、波士顿大学、加州州立大学、纽约大学、乔治华盛顿大学。

11. Fairmont Schools(费尔蒙特学校)

网　　址:www.fairmontschools.com

所 在 州:加利福尼亚州(California)

地　　址:2200 W Sequoia Ave, Anaheim, CA 92801(Prep Academy)

招生范围:学前班至十二年级

学生人数:1 965 人(分布于 5 个校园)

教师人数:150 人

入学要求:SSAT 成绩、托福成绩或雅思、DUOLINGO、ITEP - SLATE、小托福(国际学生),学校成绩单,教师推荐信,面试。

2019 年学费:US $72 490

学校简介:学校建校于 1953 年。办学宗旨是坚持以学生为中心的教育方针。课程设计以创新学习为基础,同时使学生增长知识和社会技能。该校的老师要接受严格的培训和年度考察。该校的 STEM 项目和辩论队都是比较突出的。学校除了开设多门 AP 课程外,还开设了 IB 课程。该校是少数可以开设三级 IB 课程的学校之一。三级 IB 课程包括:初级(小学 1 至 5 年级)、中级(6 年级至 8 年级)、证书级(9 年级至 12 年级)。学校也具备多种登记的运动队、艺术项目和学生俱乐部等。这个学校在加州橙县,分别由五个校园组成,最小的校园有大约 300 个学生,最大的两个校园学生超过 500 人。学校是为走读生而设立的,但近年为了满足对寄宿学生的需求,在高中部增加了寄宿项目。学校招收 9 至 12 年级的学生,而 6 到 8 年级的学生如有寄宿需要,则由学校安排入住寄宿家庭。

AP 课程设置： 世界历史、人类地理、美国历史、美国政府和政治、经济学、心理学、英文语言、英文文学、微积分 AB、微积分 BC、统计学、高级离散数学和数论、计算机科学、生物、化学、物理、力学、电学和磁学、西班牙语言和文化、中国语言和文化、绘画、音乐理论、ASEP（系列大学科学工程类课程、STEM 核心课程）、IBP（国际贸易课程）、大学数学课程、IB 课程 6 个门类。

运 动 队： 排球队、男女足球队、摔跤队、篮球队、男女棒球队、冰球队、各类田径队、男女高尔夫球队、啦啦队、男女网球队、羽毛球队、男女游泳队。

社 团： 有近 50 个学生社团。

大学去向： 麻省理工大学、宾夕法尼亚大学、约翰·霍普金斯大学、西北大学、布朗大学、康奈尔大学、莱斯大学、华盛顿大学圣路易分校、埃默里大学、南加利福尼亚大学、加利福尼亚大学洛杉矶分校等。

12. Flintridge Sacred Heart Academy（燧石岭圣心书院）

网 址： www.fsha.org

所 在 州： 加利福尼亚州（California）

地 址： 440 St. Katherine Drive La Canada Flintridge. CA91011－4113

招生范围： 日间部：9—12 年级

寄宿部：9—12 年级

学生人数： 385 人

入学要求： SSAT 或托福成绩、学校成绩单、教师推荐信、面试。

2019 年学费： US $57 600（外国学生寄宿部）

学校简介： 燧石岭圣心书院是女子学校，全国模范学校之一，于 1931 年创建。其办学宗旨是：注重道德教育、严谨的治学态度、学业与社会实践并重、重视领导才能、学业与社会服务。课程设置极具挑战性，有十个大学先修课，各科均设有荣誉课程。学生在正常课程以外，还要求参加领导才能培养计划、社会服务、运动、视觉艺术及表演艺术训练。

AP 课程设置： 音乐理论、美国政府、历史、艺术、统计学、文学、语言。

运 动 队： 篮球队、越野赛队、高尔夫球队、英式足球队、垒球队、游泳队、网球队、排球队。

社 团： 艺术社、动物社、阅读社、商业俱乐部、辩论社、多国文化社、科学环境社。

历届学生去向： 纽约大学、波士顿大学、波士顿学院、达特茅斯学院、密歇根大学、印第安大学。

13. Besant Hill School of Happy Valley(快活谷学校)

网　　址：www.beasanthill.org

所 在 州：加利福尼亚州(California)

地　　址：P. O. Box 850 Ojai, CA93024 - 0850

招生范围：日间部：9—12 年级

　　　　　　寄宿部：9—12 年级

学生人数：90 人(男生 50 人,女生 40 人)

　　　　　　(住宿部 64 人,日间部 26 人)

入学要求：SSAT 或托福成绩、学校成绩单、教师推荐信、面试。

2019 年学费：US $51 510(寄宿部),US $58 140(外国学生寄宿部)

学校简介：快活谷学校建于 1956 年,在洛杉矶市北面 90 多英里处。学生可以充分享受占地 450 英亩的乡村景致。

快活谷学校是一个教育性的小区,该小区营造出的学习气氛能帮助学生发展他们的潜能和创造性。大学预科课程设置以道德教育、责任感及有效的学科准备为基础。除基本课程外,还设有大学先修课,另外学校非常重视户外教育。

此外,学校还将美术课纳入完整的课程设置中,使其成为必修的一部分。这些课程包括诗歌、音乐、绘画、雕塑、建筑等。学校的运动队如足球队、篮球队、棒球队、排球队等经常参加体育联盟的比赛。其他户外活动还有野营、环境学习、滑雪、攀岩等。学校非常欢迎外国留学生,能营造和谐及包容的气氛。学校还为有需要的学生开设英语作为第二语言课程(ESL)。

AP 课程设置：微积分 AB、英语、音乐理论、西班牙语、物理学理论 B。

历届学生去向：普林斯顿学院、加州大学、匹泽学院、科罗拉多大学。

14. The Harker School(哈克学校)

网　　址：www.harker.org

所 在 州：加利福尼亚州(California)

地　　址：500 Saratoga Avenue San Jose, CA95129

招生范围：学前班、小学、初中、高中

学生人数：1 762 人

入学要求：参加入学考试、学校成绩单、教师推荐信。

2019 年学费：US $47 000(外国学生寄宿部)

学校简介：该校建于 1893 年，已有一百多年历史，排名名列前茅。学生一周住校五天，适合有亲人在附近居住的学生。课程设置以升大学预科为导向，着重培养学生的学科基础，训练学习方法。

AP 课程设置：计算机科技、物理 C、生物、化学、艺术历史。

运 动 队：越野田径队、游泳队、潜水队、曲棍球队、啦啦队、摔跤队、足球队、排球队、棒球队、高尔夫球队、网球队、垒球队。

社 团：艺术俱乐部、拼图游戏社、国语社、创作写作社、戏剧社、阅读社。

历届学生去向：耶鲁大学、斯坦福大学、哈佛大学、普林斯顿大学、芝加哥大学。

15. Idyllwild Arts Academy（牧诗文科书院）

网 址：www.idyllwildarts.org

所 在 州：加利福尼亚州（California）

地 址：P. O. Box 38 52500 Temecula Road Idyllwild，CA92549

招生范围：日间部：9—12 年级

寄宿部：9—12 年级

学生人数：265 人

入学要求：SSAT 成绩、学校成绩单、教师推荐信、面试。

2019 年学费：US $67 091（外国学生寄宿部）

学校简介：牧诗文科书院建于 1986 年，提供正规的升大学预备课程。课程设置包括所有升大学所需要的基本课程、四个大学自修课程，也提供专业的文科培训课程。学生如选择专修音乐、戏剧、舞蹈、视觉艺术及创作写作，则需要有艺术代表作或试演为入学要求。本校的管弦乐团一直享有"世界上最好的青少年管弦乐团"的美誉。学校还特别开设英语为第二语言课程，帮助英语水平不够的学生，并为重新申请大学的学生开设大学预科课程，还设有暑期学校。

AP 课程设置：美国历史、生物、化学、经济、英国文学和构成、法语、拉丁语、物理、心理学。

社 团：音乐社、舞蹈社、创作社、电影社、视觉艺术社、时尚设计社。

历届学生去向：杜克大学、哈佛大学、曼哈顿音乐学院、茱丽亚音乐学院、纽约大学、巴黎艺术学院、加州艺术学院、旧金山大学。

16. Midland School（中原学校）

网 址：www.midland-school.org

所 在 州：加利福尼亚州（California）

地　　址：P. O. Box 8 Los Olivos，CA93441

招生范围：日间部：9—12 年级

寄宿部：9—12 年级

学生人数：95 人

入学要求：SSAT 或托福成绩、学校成绩单、教师推荐信、面试。

2019 年学费：US $63 800（外国学生寄宿部）

学校简介：该校是一所小型的私立寄宿学校，建校于 1932 年。学校秉持着"需要而不是想要"的格言，着重培养学生坚强、活泼、理智的特质。专业课的编排非常严谨，课程包括大学先修学分及荣誉班级。

AP 课程设置：微积分 AB、文学、西班牙语、拉丁文化、统计学。

运 动 队：英式足球队、越野运动队、排球队、网球队、篮球队。

社　　团：骑马社、农作社、电影社、职业发展社、领导才能社、户外活动社。

历届学生去向：科罗拉多学院、康奈尔大学、明德学院、密尔斯女子大学、曼荷莲女子学院、欧柏林学院、东北大学、西方学院、佩珀代因大学、普林斯顿大学、斯坦福大学、斯沃斯穆尔学院、加州大学伯克利分校、加州大学洛杉矶分校、芝加哥大学、韦尔斯利大学、威廉姆斯学院。

17. Monte Vista Christian School（蒙达韦斯达基督学校）

网　　址：www.mvcs.org

所 在 州：加利福尼亚州（California）

地　　址：Two School Way Watsonville，CA95076

招生范围：日间部：9—12 年级

寄宿部：9—12 年级

学生人数：739 人

入学要求：SSAT、SLEP 或托福成绩、学校成绩单、教师推荐信、面试。

2019 年学费：US $48 225（外国学生寄宿部）

学校简介：该校是一所男女混合分寄宿部及日间部的学校，建于 1926 年。课程设置以升大学为导向，有大学先修学分及荣誉班级。课程设计着重鼓励学生发展独立思考能力、解决问题及判断性思考的能力。

AP 课程设置：微积分 AB、欧洲历史、心理学、西班牙语言与文化、统计学、宏观经济学、微观经济学、乐理、艺术工作坊、美国政府与政治、英语、美国历史、法国语言和文化、日本文化、物理 C。

运　动　队：篮球队、啦啦队、田径队、英式足球队、游泳队、越野赛队、排球队、网球队。

社　　　团：戏剧社、诗歌班、商业俱乐部、数学社、乒乓球社、新闻社、外国文学社。

历届学生去向：哈佛大学、麻省理工大学、斯坦福大学、达特茅斯学院、华盛顿大学、布朗大学、加州大学伯克利分校、南加州大学、密歇根大学、纽约大学、波士顿学院。

18. Oak Grove School（橡木园学校）

网　　　址：www.oakgroveschool.com

所　在　州：加利福尼亚州（California）

地　　　址：220 West Lomita Avenue Ojai，CA93023

招生范围：日间部：学前班—12 年级

寄宿部：9—12 年级

学生人数：209 人

入学要求：ISEE、SSAT 成绩、学校成绩单、英语及数学教师推荐信、小论文一篇、面试。

2019 年学费：US $48 400（外国学生寄宿部）

学校简介：橡木园学校建于 1975 年，招收从学前班到高中十二年级的学生。学校以升大学为课程设置导向，有 5 个大学先修课程及荣誉班级。学校同时培养学生的世界观及对所处环境的敏感度，鼓励学生去探索个人想法，欢迎学生提出探索性问题。

AP 课程设置：微积分、物理 B、英语、西班牙语、美国历史。

运　动　队：网球队、英式足球队、排球队、马术队。

社　　　团：世界音乐社、艺术社、农作社、摇滚社、国际旅游社、环境社、爵士社。

历届学生去向：布朗大学、哥伦比亚大学、波士顿学院、哈佛大学、宾夕法尼亚大学、纽约州立大学石溪分校、斯坦福大学、史密斯学院、乔治华盛顿大学、纽约大学。

19. Ojai Valley School（奥塞谷学校）

网　　　址：www.ovs.org

所　在　州：加利福尼亚州（California）

地　　　址：723 El Paseo Road Ojai，CA93023

招生范围：日间部：学前班—12 年级

寄宿部：3—12 年级

学生人数：288 人

入学要求：SSAT 成绩、学校成绩单、教师推荐信、面试。

2019 年学费：US $59 500

学校简介：该校建于 1911 年,招生范围很广,寄宿部从 3 年级开始,日间部甚至招收学前班的学童。学校分初等及高等两部分,初等从学前班至 8 年级,高等学校从 9 年级至 12 年级。学生素质要求在中等以上。学校提供全面均衡的传统教育,学生教师比例为 6∶1。学校的课程设置很有挑战性,使学生在技能、学识、价值观及个性各方面都能全面发展。高年级班的学生 100% 可升入美国较好的学校。

AP 课程设置：生物学、环境科学、心理学、统计学、英语、微积分、化学、英国文学、西班牙语与文化、艺术工作坊、世界历史。

运 动 队：垒球队、越野赛队、足球队、网球队、排球队、篮球队、高尔夫球队、英式足球队、田径队。

社　　团：计算机社、记者社、表演社、冲浪社、创作社、摄影社、瑜伽社。

历届学生去向：波士顿大学、波士顿学院、哈佛大学、旧金山大学、史密斯学院、纽约州立大学、乔治华盛顿大学。

20. San Domenico School(圣多敏尼歌女子学校)

网　　址：www.sandomenico.org

所 在 州：加利福尼亚州(California)

地　　址：1500 Butterfield Road San Anselmo,CA94960

招生范围：日间部：9—12 年级

　　　　　　寄宿部：9—12 年级

学生人数：女生 183 人

入学要求：SSAT 成绩、学校成绩单、教师推荐信、面试。

2019 年学费：US $65 610(外国学生寄宿部)

学校简介：圣多敏尼歌女子学校是一所着重招收有音乐专长学生的大学预备学校,建校于 1850 年。学校致力于鼓励学生发展她们的批判能力,培养她们的自尊和自信心,对学生今后的发展有极大帮助。学校采取小班教学,严格要求学生积极参与各科的学习。学校还开设多种荣誉课程和大学先修课程,同时还有特别的学术项目。

AP 课程设置：西班牙语和文化、环境科学、化学、生物学、中文与文化、英语与写作、乐理、物理 C、统计学、艺术工作坊、美国历史、微积分 AB/BC、心理学。

运 动 队：篮球队、高尔夫球队、游泳队、排球队、英式足球队、羽毛球队、越野赛队。

社　　团：多国文化俱乐部、年刊、学生会、动漫社、机器人社、现实主义社、歌手社、模特社。

历届学生去向：波士顿大学、加州大学、丹佛大学、哈佛大学、斯坦福大学、西雅图大学、纽约州立大学、曼哈顿学院、纽约大学、圣迭戈大学、华盛顿大学。

21. Santa Catalina School(圣塔卡特琳娜女校)

网　　址：www.santacatalina.org
所 在 州：加利福尼亚州(California)
地　　址：1500 Mark Thomas Drive Monterey，CA93940-5291
招生范围：日间部：9—12 年级
　　　　　寄宿部：9—12 年级
学生人数：女生 259 人
入学要求：SSAT 成绩、学校成绩单、教师推荐信、面试。
2019 年学费：US $59 000(外国学生寄宿部)
学校简介：该校建于 1950 年,六十多年来一直是美国顶尖的女子学校。对学生要求严格,设有荣誉课程和大学先修课程。着重学术和个人品格平衡发展,道德教育成为教学任务之一。教学上广泛使用采用先进计算机科技的校园联网。圣塔卡特琳娜女校培养学生的目标是为美国名牌大学输送人才,培养出来的学生要求在学术能力、道德观念、有秩序的创造性及有爱心的个性等方面得到平衡发展。
AP 课程设置：艺术史、生物学、微积分 AB/BC、英语与写作、英国文学、环境科学、欧洲历史、法语、拉丁语、宏观经济、微观经济、物理 C、西班牙语、西班牙文化、统计学、艺术工作坊、美国历史。
运 动 队：篮球队、越野赛队、跳水队、高尔夫球队、游泳队、英式足球队、田径队、水球队、排球队、网球队、垒球队、曲棍球队、马术队。
社　　团：模特社、芭蕾社、法语社、杂志社、爵士舞社、英国文学社、剑术社。
历届学生去向：阿拉巴马大学、波士顿学院、波士顿大学、布朗大学、曼哈顿学院、迈阿密大学、密西西比大学、纽约大学。

22. Southwestern Academy(西南书院)

网　　址：www.southwesternacademy.edu
所 在 州：加利福尼亚州(California)
地　　址：2800 Monterey Road San Marino，CA91108
招生范围：寄宿部：6—12 年级
学生人数：144 人
入学要求：学校成绩单、教师推荐信、面试。

2019 年学费：US $50 500（外国学生寄宿部）

学校简介：该校建于 1924 年。学校的学生教师比例是 6：1，采取小班教学模式，每班学生不超过 12 人。教师用不同的教学方式来帮助学生在各门学科都有所成就。学校所设立的成就分组计划，就是要为学生创造一个因材施教但非竞争性学科的学习环境，使学生更加学有所成。学校有各项运动队及其他户外活动队。校园环境安全极有吸引力，学生不必住在远离都市的地区。学校有一半学生来自其他国家，所以设有英语为第二语言课程（ESL）来强化学生的语言能力，为其能进入美利坚大学作准备。学校同时开设大学预科班及暑期班。

AP 课程设置：微积分 AB/BC、英语与写作、物理、美国历史、世界历史。

运 动 队：篮球队、排球队、英式足球队、高尔夫球队、滑雪队。

社　　团：戏剧社、唱诗班、学生会、网球社、咨询社、国际象棋社、国际俱乐部、骑马社。

历届学生去向：加州大学洛杉矶分校、密歇根大学、华盛顿大学、宾州州立大学、乔治华盛顿大学、纽约州立大学石溪分校、美利坚大学、纽约州立大学伯明翰分校、堪萨斯大学。

23. Stevenson School（史蒂文森学校）

网　　址：www.stevensonshool.org

所 在 州：加利福尼亚州（California）

地　　址：3152 Forest Lake Road Pebble Beach，CA93953 - 3200

招生范围：日间部：9—12 年级

　　　　　　寄宿部：9—12 年级

学生人数：520 人（男生 292 人，女生 228 人）

入学要求：SSAT 或 PSAT 成绩、面试。

2019 年学费：US $67 500（外国学生寄宿部）

学校简介：该校的课程设置以培养学生进入顶尖大学为宗旨，学生必须有良好的学习动机。每科都设有荣誉班，有不同科目的大学先修课。每年有近 10% 的毕业生进入常春藤盟校，11% 进入美东地区名校，34% 进入加州大学名校及西岸名校。

AP 课程设置：艺术史、生物学、微积分 AB/BC、环境科学、欧洲历史、法国语言和文化、拉丁语、宏观经济学、微观经济学、西班牙语和文化、世界历史、滑雪、英国文学与作文、日语和日本文化、乐理、物理 C、艺术工作坊、美国历史、中文与文化。

运 动 队：篮球队、越野赛队、跳水队、高尔夫球队、足球队、游泳队、水球队、田径队、排球队、垒球队。

社　　团：羽毛球俱乐部、舞蹈队、爵士社、模特社、电影社、国际象棋社、学生会、年刊社。

历届学生去向：斯坦福大学、宾夕法尼亚大学、杜克大学、达特茅斯学院、西北大学、乔治城大学、卡耐基梅隆大学、南加州大学、纽约大学、罗切斯特大学、华盛顿大学、乔治华盛顿大学、科罗拉多大学。

24. The Thacher School（撒切尔学校）

网　　址：http：//www.thacher.org

所 在 州：加利福尼亚州（California）

地　　址：5025 Thacher Road Ojai，CA93023

招生范围：日间部：9—12 年级

寄宿部：9—12 年级

学生人数：240 人

入学要求：学校成绩单、教师推荐信、SSAT 或托福成绩、面试。

2019 年学费：US ＄62 810（外国学生寄宿部）

学校简介：该校建于 1889 年,已有 120 年历史,学校招收高智商及各方面出色的学生,着重于学生的学业、体能、人格的全面发展,要求学生自觉、自信、敢于挑战和关心他人。以培养学生毕业后进入顶尖大学及使学生具有领导才能为培养目的,所以学校学科成绩要求很严格,同时也鼓励学生参与户外运动。学校开设有多门大学先修课程。

AP 课程设置：艺术史、生物学、微积分 AB、计算机科学 A、计算机科学 AB、环境科学、欧洲历史、人类地理学、乐理、物理 B、艺术工作坊、美国历史、美国政府与政治、统计学、化学、心理学、西班牙语言和文化。

运 动 队：篮球队、越野赛队、马术队、网球队、足球队、水球队、田径队、排球队、垒球队、芭蕾舞队。

社　　团：法语社、拉丁文化社、国际象棋社、基督教社、枪击社、电影社、西班牙语社、电台广播社。

历届学生去向：普林斯顿大学、加州理工大学、斯坦福大学、哥伦比亚大学、芝加哥大学、杜克大学、达特茅斯学院、西北大学、约翰·霍普金斯大学、布朗大学、南加州大学、密歇根大学、纽约大学、乔治华盛顿大学、波士顿大学。

25. Villanova Preparatory School（维兰诺凡学校）

网　　址：www.villanovaprep.org

所 在 州：加利福尼亚州（California）

地　　址：12096 Ventura Avenue Ojai，CA93023

招生范围：日间部：9—12 年级

寄宿部：9—12 年级

学生人数：250 人

入学要求：学校成绩单、教师推荐信、高中入学考试（HSPT）、面试。

2019 年学费：US $61 500（外国学生寄宿部）

学校简介：该校建于 1924 年，是罗马天主教学校。根据近年来的科技发展和社会变革，学校在传统课程编排上加入很多新的内容，使学生能够为将来掌握必要的生活技能，同时也能跟上快速发展的科学技术进程。学校设法使男女同学都有平等参与运动项目的机会，其他的课外活动项目也是为了使学生得到更加全面的发展。

AP 课程设置：生物学、微积分 AB/BC、拉丁语、环境科学、物理 B、美国历史、世界历史、美国政府与政治、统计学、化学、心理学、英国语言和文化、英国文学。

运 动 队：篮球队、越野赛队、网球队、足球队、水球队、田径队、排球队、垒球队、高尔夫球队、冲浪队。

社　　团：拉丁文化社、国际象棋社、电影社、艺术社、数学辅导社、创作社。

历届学生去向：南加州大学、纽约大学、华盛顿大学。

26. The Webb School（伟博学校）

网　　址：www.webb.org

所 在 州：加利福尼亚州（California）

地　　址：1175 West Baseline Road Claremont，CA91711

招生范围：9—12 年级

学生人数：408 人

入学要求：学校成绩单，教师推荐信，SSAT、SLEP 或托福成绩，面试。

2019 年学费：US $66 130

学校简介：该校是一所私立男女混校。伟博男校建于 1922 年，伟博女子学校则建于 1981 年。该校从九至十年级实行男女分班授课，十一年级后合班。而学校的日常管理、体育课、运动队、学生指导和住宿仍沿用原先的男女分校制。课程设置上较为严谨和超前，开设有多门大学先修课。

AP 课程设置：生物学、微积分 AB/BC、环境科学、法国语言和文化、西班牙语言和文化、西班牙文学、统计学、世界历史、化学、英国语言与写作、英国文学、物理 C、物理 1、美国历史。

运 动 队：羽毛球队、篮球队、跳水队、高尔夫球队、垒球队、网球队、排球队、越野队、足球队、游泳队、田径队、水球队、英式足球队。

社　　团：国际象棋社、舞蹈社、计算机社、健身社、农业社、模特社、广播社、学生会。

历届学生去向：哈佛大学、普林斯顿大学、加州理工大学、宾夕法尼亚大学、哥伦比亚大学、杜克大学、西北大学、卡耐基梅隆大学、南加州大学、纽约大学、波士顿学院、波士顿大学、科罗拉多大学、韦斯利女子学院、鲍登学院、卡尔顿学院。

27. Woodside Priory School(木边修道学校)

网　　址：http：//www.prioryca.org

所 在 州：加利福尼亚州(California)

地　　址：302 Portola Road Portola Valley，CA94028 – 7897

招生范围：9—12 年级

学生人数：350 人

入学要求：学校成绩单、面试、SSAT 成绩或托福成绩。

2019 年学费：US $71 975(外国学生寄宿部)

学校简介：木边修道学校是一所教会学校,建校于 1957 年,以严格要求学生著称。学校相信好的教育必须包括以下几个要素：① 个人价值的发现与在生活中的实现；② 对社会的贡献；③ 确定生活的方向；④ 对前途有远大的抱负。学校强调秩序与自律,相互尊重,积极参与社区服务的个人全面发展。

AP 课程设置：艺术史、微积分 AB/BC、环境科学、法国语言和文化、宏观经济学、微观经济学、西班牙语言和文化、西班牙文学和文化、统计学、化学、计算机科学 A、英国文学与作文、人类地理学、日本语言和文化、心理学、美国政府与政治、计算机科学 AB、艺术工作坊。

运 动 队：垒球队、越野队、英式足球队、田径队、游泳队、水球队、高尔夫球队、篮球队、足球队、棒球队、网球队、排球队。

社　　团：舞蹈队、爵士乐队、马术社、合唱队、电影社、动漫社、滑雪社、杂志社。

历届学生去向：普林斯特大学、耶鲁大学、斯坦福大学、宾夕法尼亚大学、杜克大学、达特茅斯学院、西北大学、华盛顿大学、约翰•霍普金斯大学、布朗大学、卡耐基梅隆大学、乔治城大学、密歇根大学、波士顿大学、科罗拉多大学、丹佛大学。

28. Colorado Rocky Mountain School(科罗拉多落基山学校)

网　　址：www.crms.org

所 在 州：科罗拉多州（Colorado）

地　　址：500 Holden way，Carbondale，CO81623

招生范围：9—12 年级

学生人数：163 人

入学要求：短文一篇，学校成绩单，教师推荐信，面试，SSAT 考试成绩或 PSAT、PACT。

2019 年学费：US ＄61 000（外国学生寄宿部）

学校简介：该校建校于 1953 年，以环境生物科学著称。学校除开设基本的升大学必修课程外，要求每个新生都必须参加 10 天的野外考察，教导学生建立自信心，培养团体工作能力及学习大自然的环境科学知识。学校近期还新开辟了一个抗旱植物园及实验室。在必修课中，地域政治研究和地质学是较具特色的课程。

AP 课程设置：环境科学、微积分 AB/BC、英国文学与作文、美国历史。

运 动 队：爬山队、花样滑雪队、网球队、越野队、英式足球队、滑板队、室内足球队。

社　　团：花园社、学生会、辅导社、高尔夫球社、电影社、爵士社。

历届学生去向：耶鲁大学、波士顿大学、布朗大学、杜克大学、乔治华盛顿大学、纽约大学、旧金山大学、华盛顿大学。

29. Colorado Timberline Academy（科罗拉多林边书院）

网　　址：http://www.ctaedu.org

所 在 州：科罗拉多州（Colorado）

地　　址：454 Academy Drive. Durango，CO81301

招生范围：9—12 年级

学生人数：46 人

入学要求：学校成绩单、教师推荐信、面试。

2019 年学费：US ＄35 000（外国学生寄宿部）

学校简介：学校以足够的师资为学生进行个别教学，这适合需要加强注意力的学生。学校采用小班教学，每班人数不超过 7 人。除了以考大学为主的基础课程外，学校还开设有很多种户外教育课程，使学生能在户外活动所带来的宽松的环境下完成紧张的学业，也使学生发挥本质潜能。

AP 课程设置：环境科学、统计学。

运 动 队：滑雪队、雪地滑板队、攀岩队、单人划船队、足球队、篮球队。

社　　团：陶瓷工艺社、摄影社、泥土雕塑社、设计社、吉他社、戏剧社、即兴创作社、油画社。

历届学生去向：圣弗朗西斯科州立大学、丹佛大学、加利福尼亚州立大学、科罗拉多学院、圣约翰学院、福特路易斯学院。

30. Fountain Valley School Colorado(科罗拉多喷泉学校)

网　　址：www.fvs.edu
所 在 州：科罗拉多州(Colorado)
地　　址：6155 Fountain Valley School Road Colorado Springs，CO80911
招生范围：9—12 年级
学生人数：240 人
入学要求：SSAT 成绩、学校成绩单、教师推荐信、面试。
2019 年学费：US $63 000(外国学生寄宿部)
学校简介：该校是建于 1928 年的中型大学预备学校,课程设置以升大学为导向,以严格的学业标准与社会服务相结合,各学科都设有荣誉班及大学先修课程。该校同时很注重户外教育及通过参与体育项目培养学生的意志力和领导组织才能。
AP 课程设置：生物学、微积分 AB/BC、环境科学、法国语言和文化、西班牙语言和文化、西班牙文学、统计学、世界历史、计算机科学 A、化学、英国文学、英语与写作、宏观经济学、微观经济学、艺术工作坊、美国政府与政治、中文与文化、物理 C。
运 动 队：篮球队、越野队、跳水队、高尔夫球队、游泳队、田径队、滑板队、排球队、网球队、攀岩队、英式足球队、山地自行车队、马术队。
社　　团：化学社、基督教社、电影社、数学社、广播社、音乐社、乒乓球社、新闻社、法语社。
历届学生去向：耶鲁大学、麻省理工学院、斯坦福大学、宾夕法尼亚大学、哥伦比亚大学、芝加哥大学、杜克大学、达特茅斯学院、西北大学、华盛顿学院、约翰霍普金斯大学、卡耐基梅隆大学、南加州大学、纽约大学、波士顿学院、科罗拉多大学、美利坚大学、丹佛大学。

31. The Lowell Whiteman School(罗威佛文学校)

网　　址：http://www.steamboatmountainschool.org
所 在 州：科罗拉多州(Colorado)
地　　址：42605 RCR 36 Steamboat Spring，CO80487
招生范围：9—12 年级
学生人数：98 人

入学要求：SSAT 成绩、学校成绩单、教师推荐信、面试。

2019 年学费：US $52 000（外国学生寄宿部）

学校简介：这是一所小规模的私立学校，建校于 1957 年，招收不同层次的学生。该校课程以升大学为导向，99％毕业生能顺利进入大学。该校培养有体育专长的学生，以滑雪和滑板项目著名，其引以为傲的是 1998 年冬季奥林匹克运动会有 6 位奖牌得主出自该校。学校的课外活动项目包括在落基山脉和西南沙漠地带的野营、山地自行车和攀岩活动，学校还定期组织到国外旅游。

AP 课程设置：微积分 AB/BC、环境科学、法国语言和文化、西班牙语和文化、西班牙文学、英国文学、英国语言和作文。

运 动 队：滑冰队、滑板队、篮球队、足球队、排球队。

社　　团：艺术社、烹饪社、戏剧社、钓鱼社、音乐社、摄影社、学生会。

历届学生去向：波士顿大学、华盛顿大学、南加州大学、丹佛大学。

32. Avon Old Farms School（艾凡学校）

网　　址：www.avonoldfarms.com

所 在 州：康涅狄格州（Connecticut）

地　　址：500 Old Farms Road，Avon，CT0600

招生范围：9—12 年级，大学预科

学生人数：408 人（男生 383 人）

入学要求：SSAT 成绩、学校成绩单（成绩中等以上）、三封推荐信、面试。

2019 年学费：US $63 600（外国学生寄宿部）

学校简介：这是一所很传统的寄宿男校，建校于 1927 年。课程设置以升大学为导向，开有大学先修课。在校学生须参加由教师督导的每周四晚的晚间辅导课。学校的一学年分 3 个学期。学校着重招收有学习潜质又有参与课外活动热情的学生，体育专长、社会服务、热情是入学的附加条件，所以该校的美术和运动项目也较为出色。

AP 课程设置：生物学、微积分 AB/BC、统计学、世界历史、化学、英国语言和文化、英国文学、环境科学、拉丁语、宏观经济、微观经济、艺术工作坊、美国政府和政治、欧洲历史、法国语言和文化、物理 B/C、西班牙语和文化、西班牙文学。

运 动 队：滑冰队、高尔夫球队、英式足球队、游泳队、田径队、曲棍球队、网球队。

社　　团：创作社、历史社、电影社、新闻社、摇滚乐队、学生会、模特社、霹雳舞社。

历届学生去向：哈佛大学、耶鲁大学、约翰·霍普金斯大学、波士顿学院、纽约大学、杜克大学、达特茅斯学院、康奈尔大学、迈阿密大学、塔夫茨大学。

33. Canterbury School（坎特伯利学校）

网　　　址：http：//www.cbury.org/page

所 在 州：康涅狄格州（Connecticut）

地　　　址：101 Aspetuck，Ave

招生范围：9—12 年级，大学预科

学生人数：320 人

入学要求：SSAT 成绩、学校成绩单、教师推荐信、面试。

2019 年学费：US $62 300（外国学生寄宿部）

学校简介：这是一所独立的天主教学校，建校于 1915 年。课程设置以升大学为导向，实施小班教学。学校开设有大学先修课和荣誉课程。学校设计了新的跨科系学习计划，可以促进学科间的融会贯通，使知识更全面。艺术课、音乐课和戏剧课都尽量与相关学科结合。

AP 课程设置：生物学、微积分 AB、化学、英语和作文、英国文学、欧洲历史、法国语言和文化、宏观经济学、乐理、物理 1/2、西班牙语言和文化、统计学、艺术工作坊、美国历史、世界历史。

运 动 队：篮球队、跳水队、足球队、马术队、排球队、水球队、田径队、游泳队、垒球队、曲棍球队。

社　　　团：辩论社、攀岩社、财务社、数学社、环境社、心理学社、烘焙社。

历届学生去向：哈佛大学、普林斯顿大学、耶鲁大学、宾夕法尼亚大学、杜克大学、达特茅斯学院、华盛顿大学、康奈尔大学、南加州大学、密歇根大学、纽约大学、波士顿学院、宾州州立大学、迈阿密大学、波士顿大学。

34. Cheshire Academy（撒沙书院）

网　　　址：www.cheshireacademy.org

所 在 州：康涅狄格州（Connecticut）

地　　　址：10 Main Street Cheshire，CT06410 - 2496

招生范围：8—12 年级

学生人数：400 人

入学要求：SSAT 或 TOEFL 成绩、学校成绩单、教师推荐信。

2019 年学费：US $61 750（国际学生寄宿部）

学校简介：这是一所建校于 1794 年的中等规模大学预备学校。学校的课程设置目的是培养学生的学术能力、社会适应力、文化交流及道德信念,为升大学作准备。除传统的大学预备课程之外,学校还开设有强化的美术课、大学先修学分的课程及荣誉班级。

AP 课程设置: 生物学、欧洲历史、乐理、统计学、心理学、西班牙文学和文化、微积分 AB、化学、计算机科学 A、英国语言和作文、美国历史。

运 动 队: 棒球队、篮球队、越野队、高尔夫球队、足球队、曲棍球队、网球队、游泳队、田径队、排球队、英式足球队、剑术队、摔跤队。

社 团: 戏剧社、爵士社、数学社、滑冰社、年刊、工艺社、杂志社、计算机社、国际象棋社、学生会。

历届学生去向: 达特茅斯学院、华盛顿大学、约翰·霍普金斯大学、康奈尔大学、布朗大学、加州大学伯克利分校、卡耐基梅隆大学、乔治城大学、南加州大学、密歇根大学、纽约大学。

35. Choate Rosemary Hall(齐奥特·罗斯玛莉学校)

网 址: www.choate.edu

所 在 州: 康涅狄格州(Connecticut)

地 址: 333 Christian Street Wallingford,CT06492

招生范围: 9—12 年级

学生人数: 865 人

入学要求: 9 年级要考 SSAT 或 ISEE,11 年级要考 SSAT 或 PSAT,12 年级或大学预科要考 SAT、ACT 或托福。

2019 年学费: US $60 950(外国学生寄宿部)

学校简介: 这是一所专门招高智商、高情商,有天赋并有志向的学生的私立寄宿学校,该校建于 1890 年。该校要求严格,课程设置严谨。课程门类达 250 门之多,学校为培养学生的合作精神及领导才能要求学生参加团队互助计划、社区服务及其他课外活动。学校的海外学习项目使学生更具有国际竞争力。

AP 课程设置: 生物学、艺术性、微积分 AB/BC、计算机科学 A/AB、环境科学、欧洲历史、法国语言和文化、拉丁语、拉丁文学、宏观经济学、微观经济学、乐理、物理 B、心理学、西班牙语、西班牙文学、统计学、世界历史、化学、中文与文化、物理 C、美国政府和政治、美国历史。

运 动 队: 棒球队、篮球队、越野队、跳水队、足球队、网球队、水球队、高尔夫球队、垒球队、游泳队、田径队、排球队。

社 团: 国际象棋社、中文社、亚洲学生联盟、舞蹈队、经济学社、时尚社、法语社、日语社、数学社、模特社、音乐社、乒乓球社、年刊。

历届学生去向：哈佛大学、普林斯顿大学、耶鲁大学、麻省理工学院、斯坦福大学、宾夕法尼亚大学、哥伦比亚大学、芝加哥大学、杜克大学、达特茅斯学院、西北大学、华盛顿大学、约翰·霍普金斯大学、康奈尔大学、布朗大学、南加州大学、纽约大学、波士顿大学。

36. Eagle Hill School(鹰岭学校)

网　　址：www.eaglehillschool.org

所 在 州：康涅狄格州(Connecticut)

地　　址：45 Glenville Road Greenwich，CT06831

招生范围：5—15 岁

学生人数：210 人(男生 135 人,女生 75 人)

入学要求：WISC-Ⅲ考试成绩、学校成绩单、教师推荐信、面试。

2019 年学费：US $91 500(外国学生寄宿部)

学校简介：这是一所建校于 1975 年,由鹰岭非营利基金会资助的特别学校。学生的年龄范围是 5—15 岁。学校会经过考核再对学生进行分类,对不同类别的学生因材施教。学生可选择住宿、非住宿及半住宿几种方式就读。学校会针对每个学生的特点设计不同的课程,并有个别授课和强化课程。

AP 课程设置：生物学、微积分 AB、化学、环境科学、欧洲历史、物理学、心理学、美国政府、美国历史、世界历史。

运 动 队：英式足球队、越野队、篮球队、滑冰队、棒球队、曲棍球及网球队。

社　　团：卡通社、戏剧社、计算机社、国际象棋社、唱诗班、烹饪社、瑜伽社、健身社。

历届学生去向：乔治学院、霍夫斯特拉大学、芝加哥大学、哥伦比亚大学芝加哥分校、林恩大学。

37. The Ethel Walker School(埃塞尔沃可学校)

网　　址：www.ethelwailerschool.org

所 在 州：康涅狄格州(Connecticut)

地　　址：230 Bushy Hill Road Simsbury，CT06070

招生范围：9—12 年级

学生人数：260 人

入学要求：SSAT 成绩、TOEFL 成绩、学校成绩单、教师推荐信、面试。

2019 年学费：US $66 950(外国学生寄宿部)

学校简介：这是一所建于 1911 年的女子学校。学校课程设置以升大学为导向,重视科学技术并鼓励学生参与实践。每门科目都开设大学先修课,以鼓励学生发挥自己的最高学术潜能,教师很注重鼓励学生多参考课本以外的学术著作并进行独立研讨。高年级学生必须参与校外完成的毕业设计。医药项目在康州大学的健康中心完成,酒店管理则需前往加州旧金山完成,其他多数在康州的学术机构完成。

AP 课程设置：生物学、欧洲历史、物理 B、心理学、西班牙语言和文化、西班牙文学、统计学、环境科学、拉丁文学、拉丁语、微积分 AB、化学、中文与文化、计算机科学 A、英国文学与作义、法国语言和义化、人类地理学、宏观经济学、微观经济学、艺术工作坊、美国历史。

运 动 队：篮球队、马术队、英式足球队、网球队、滑雪队、垒球队、游泳队、排球队、曲棍球队。

社　　团：合唱队、亚洲俱乐部、环境社、国际俱乐部、国际特赦组织。

历届学生去向：宾夕法尼亚大学、华盛顿大学、布朗大学、南加州大学、密歇根大学、北卡罗来纳大学、布兰代斯大学、华盛顿大学、特拉华大学、韦斯利女子学院、福尔曼大学。

38. The Forman School(科文学校)

网　　址：www.formanschool.org

所 在 州：康涅狄格州(Connecticut)

地　　址：12 Norfolk Road Litchfield，CT06759

招生范围：9—12 年级

学生人数：194 人

入学要求：WISC 考试成绩、学校成绩单、教师推荐信、面试。

2019 年学费: US $78 600(外国学生寄宿部)

学校简介: 这是一所中等规模的寄宿学校,建校于 1930 年。学校以升大学为导向,同时给学生不同的学习机会以达到学业上的成就。课程设置也强调个人发展及合作能力的培养。除基本课程外,还包括大学先修学分,拥有荣誉课。该校最突出的项目包括教职员工定期在学习方法研究中心、全面思维研究所进修培训。学生有机会根据自己的长处在学业、运动、艺术方面得到发展。

AP 课程设置: 微积分 AB/BC、美国历史。

运 动 队: 棒球队、滑冰队、篮球队、越野队、足球队、高尔夫球队、曲棍球队、滑雪队、英式足球队、攀岩队、排球队、马术队。

社　　团: 模特社、爵士乐队、学生会、电影艺术社、导游社、摇滚乐队。

历届学生去向: 美利坚大学、佛罗里达大学、巴德学院、布莱恩特大学、查尔斯顿学院、杜尔大学、圣若瑟学院。

39. The Glenholme School(格兰荷姆学校)

网　　址: http://www.theglenholmeschool.org

所 在 州: 康涅狄格州(Connecticut)

地　　址: 81 Sabbaday Lane Washington,CT06793

招生范围: 3—12 年级

学生人数: 105 人

入学要求: SSAT 成绩、面试。

2019 年学费: US $134 000(外国学生寄宿部)

学校简介: 这是一所规模很小的特殊教育学校,建校于 1836 年。每年只有 100 名左右的学生,专门招收有情绪问题、行为问题及学习方法问题的学生,包括患有注意力缺失症和多动症的学生。课程设置以个别教学和小班教学为导向。学生除上文化课外,还必须接受行为纠正与治疗、社会技巧训练和社会环境治疗。

校园生活中有多种课程着重于教导学生建立自信心、培养他们的社会生活能力和技巧、教育他们如何与别人沟通交流、怎样处理人际关系及掌握竞争技巧。社区服务及马术项目的设置也旨在把社会生活技能融进对学生的整体教育中。

运 动 队: 篮球队、越野队、英式足球队、垒球队、网球队。

社　　团: 男子歌唱队、视频教学社、芭蕾舞社、吉他社、摄影社、新闻社、健身社、戏剧社、发声练习社。

历届学生去向: 阿灵顿大学、美利坚大学、曼哈顿学院、科罗拉多大学、哈特福塔大学、实验学校、米切尔学院。

40. The Gunnery School(甘诺利学校)

网　　址：www.gunnery.org

所 在 州：康涅狄格州(Connecticut)

地　　址：99 Green Hill Washington，CT06793

招生范围：9—12 年级

学生人数：295 人

入学要求：SSAT 成绩、学校成绩单、教师推荐信、面试。

2019 年学费：US $61 950(外国学生寄宿部)

学校简介：这是一所建校于 1850 年,以升大学为导向的私立寄宿学校,160 多年来,该校秉持着培养学生的学识、个性和道德观的办学目标,对升大学的基本课程要求非常严格。大多数科目都设有大学先修课和荣誉课程。从九年级到大学预科班(十三年级)都是小班教学,教师都很有教学技巧及经验,学校也拥有技术先进的教学设施。

AP 课程设置：艺术史、生物学、计算机科学 A、欧洲历史、法国语言和文化、宏观经济学、微观经济学、西班牙语言和文化、英国语言和作文、英国文学、物理 C、美国历史、世界历史、化学、艺术工作坊、乐理、统计学。

运 动 队：滑雪队、越野队、篮球队、高尔夫球队、足球队、曲棍球队、网球队、垒球队、英式足球队、滑板队。

社　　团：舞蹈社、滑冰社、学生报社、广播社、模特社、爵士乐队、戏剧社、数学社、环境社、辩论社。

历届学生去向：斯坦福大学、宾夕法尼亚大学、华盛顿大学、康奈尔大学、埃莫瑞大学、加州大学、卡耐基梅隆大学、南加州大学、波士顿学院、罗切斯特大学、华盛顿大学、迈阿密大学、乔治华盛顿大学、波士顿大学、密歇根州立大学、美利坚大学、丹佛大学、阿拉巴马大学。

41. The Hotchkiss School(海契克斯学校)

网　　址：www.hotchkiss.org

所 在 州：康涅狄格州(Connecticut)

地　　址：11 Interlaken Road，Lakeville，CT06039

招生范围：9—12 年级

学生人数：598 人

入学要求：SAT、PSAT、ISEE 或托福成绩,学校成绩单,教师推荐信。

2019 年学费： US $61 440（外国学生寄宿部）

学校简介： 该校建于 1884 年。办学宗旨是培养学生热爱学习的能力及其他个人能力的全面发展，所以强调严格的学科要求与突出的课外活动相结合，以促使学生各能力的平衡发展。教学以小班教学为主，课程的设置以升大学为基础，还开设先修大学学分课程及荣誉课程。图书馆藏书达七万多册。还有艺术中心、冰球场、泳池、高尔夫球场、室内及室外网球场、两个戏院。最近还加建了计算机中心、学生活动中心、艺术画廊、圆桌型课室（便于课堂讨论）等。

AP 课程设置： 生物学、微积分 AB/BC、欧洲历史、法国语言和文化、宏观经济学、微观经济学、西班牙语言和文化、西班牙文学、英国文学、物理 B/C、美国历史、化学、统计学、中文与文化、美国政府与政治、环境科学、德国语言和文化、拉丁语。

运 动 队： 滑雪队、越野队、篮球队、高尔夫球队、足球队、曲棍球队、网球队、垒球队、英式足球队、滑板队。

社　　团： 烹饪社、拉丁社、投资社、西班牙语社、广播社、编织社、德语社。

历届学生去向： 哈佛大学、耶鲁大学、麻省理工学院、斯坦福大学、宾夕法尼亚大学、哥伦比亚大学、芝加哥大学、杜克大学、达特茅斯大学、华盛顿大学、康奈尔大学、卡耐基梅隆大学、南加州大学、纽约大学、波士顿学院、迈阿密大学、乔治华盛顿大学、波士顿大学。

42. Indian Mountain School（印第安山学校）

网　　址： www.indianmountain.org

所 在 州： 康涅狄格州（Connecticut）

地　　址： 211 Indian Mountain Road Lakeville，CT06039

招生范围： 6—9 年级

学生人数： 259 人

入学要求： SSAT 或托福成绩、教师推荐信、学校成绩单、面试。

2019 年学费： US $70 235（外国学生寄宿部）

学校简介： 这是一所初高中合并的中学，建校于 1922 年。寄宿部从六年级开始招生。严谨的课程编排旨在帮助学生强化学习技术，使学生能面对愈来愈高的挑战。学校也很注重道德教育。学校规模偏小，学生在学校能得到教师的充分关照。为帮助学生建立自尊心，学校专门设立冒险教育课程，包括野营以及校内的各种攀爬运动。

运 动 队： 棒球队、越野队、篮球队、足球队、滑板队、垒球地、游泳队、排球队、高尔夫球队、英式足球队、曲棍球队、网球队。

社　　团： 电影社、音乐社、艺术社、领导能力培养社、冒险经历社。

历届学生去向：霍奇基思大学、格罗敦大学、伯克郡大学、卢米斯大学、圣保罗大学、肯特大学。

43. Kent School（坎特学校）

网　　址：www.kent-school.edu

所 在 州：康涅狄格州（Connecticut）

地　　址：P. O. Box 2006 Kent，CT06757

招生范围：9—12 年级

学生人数：570 人

入学要求：SSAT 或 TOEFL 成绩、教师推荐信、学校成绩单、面试。

2019 年学费：US ＄62 550（外国学生寄宿部）

学校简介：这是一所教会学校，建校于 1906 年。课程设置考虑学生的知识、道德价值和体魄的综合发展。除基础课外，还有大学先修课及荣誉班。总体来说，学校对学科、体育、宗教和日常生活的安排都很严谨。

AP 课程设置：艺术史、生物学、微积分 AB/BC、欧洲历史、法国语言和文化、宏观经济学、微观经济学、西班牙语言和文化、西班牙文学、英国文学、物理 C、美国历史、化学、统计学、美国政府与政治、环境科学、拉丁语、计算机科学 A、心理学、艺术工作坊。

运 动 队：滑冰队、棒球队、篮球队、越野队、马术队、足球队、登山队、垒球队、游泳队、跳水队、高尔夫球队、曲棍球队、英式足球队、网球队。

社　　团：艺术社、国际象棋社、辩论社、法语社、德语社、意大利社、舞蹈社、动物权利社、模特社、数学组、照片摄影社、西班牙语社、乒乓球社。

历届学生去向：哈佛大学、普林斯顿大学、耶鲁大学、麻省理工学院、斯坦福大学、宾夕法尼亚大学、哥伦比亚大学、芝加哥大学、达特茅斯学院、华盛顿大学、康奈尔大学、布朗大学、卡耐基梅隆大学、南加州大学、纽约大学、波士顿学院、波士顿大学、科罗拉多大学、美利坚大学。

44. The Loomis Chaffee School（卢米斯学校）

网　　址：www.loomischaffee.org

所 在 州：康涅狄格州（Connecticut）

地　　址：4 Batchelder Road Windsor，CT06095

招生范围：9—12 年级

学生人数：675 人

入学要求：ISEE、SSAT 或托福成绩，教师推荐信，学校成绩单，面试。

2019 年学费：US $62 785（国际学生寄宿部）

学校简介：该校建校于 1874 年，原是一所家族学校，1914 年开放招收非卢米斯家族成员，以后逐步扩展成为今天的中等偏大型的大学预备学校。卢米斯学校很重视学生精神、思想和身体的全面发展，而且尊重学生本身的文化和社会背景。课程设计一方面着重为高等教育做准备，开设大学先修学分课程，有荣誉班；另一方面也注重培养学生今后在社会上的学习技巧与判断思考能力。学校还教育学生要为正在兴起的全球文明作贡献。

AP 课程设置：微积分 AB/BC、法国语言和文化、宏观经济学、西班牙语言和文化、英国文学、物理 B、美国历史、化学、统计学、美国政府与政治、环境科学、拉丁语、计算机科学 A/AB、乐理、艺术史。

运动队：滑冰队、棒球队、篮球队、越野队、跳水队、足球队、高尔夫球队、英式足球。

社　　团：中文社、法语社、电影社、舞蹈社、数学组、魔法社、德语社、基督教社、国际象棋社、达尔文社、学生会、BBQ 社、书籍社、辩论社。

历届学生去向：普林斯顿大学、耶鲁大学、麻省理工学院、斯坦福大学、宾夕法尼亚大学、哥伦比亚大学、芝加哥大学、杜克大学、达特茅斯学院、西北大学、华盛顿大学、康奈尔大学、布朗大学、卡耐基梅隆大学、南加州大学、纽约大学、威廉和玛丽学院、波士顿学院、迈阿密大学、乔治华盛顿大学、波士顿大学、美利坚大学。

45. Marianapolis Preparatory School(玛莉安那波利斯学校)

网　　址：www.marianapolis.org

所 在 州：康涅狄格州(Connecticut)

地　　址：26 Chare Road，Thompson，CT06277

招生范围：9—12 年级

学生人数：400 人

入学要求：SSAT、STS 或托福成绩，教师推荐信，学校成绩单，面试。

2019 年学费：US $66 212（外国学生寄宿部）

学校简介：该校是一所罗马天主教学校，建校于 1926 年，由玛莉安神父主持。学校要求学生在校期间维持学科高分，同时德、智、体全面发展。课程设置以升大学为导向，开设有大学先修学分课，有荣誉班；同时培养青年学子的领导才能和奉献精神。学科严谨及小班教学使学生易于发挥他们最大的学术潜能。

AP 课程设置：生物学、微积分 AB/BC、欧洲历史、西班牙语言和文化、西班牙文学、英国文学、物理 B、美国历史、化学、统计学、英国语言和作文。

运 动 队：棒球队、篮球队、越野队、英式足球队、网球队、垒球队、田径队、排球队、曲棍球队、高尔夫球队。

社　　团：模特社、数学组、戏剧社、学生会、写作社、艺术社、护理社、年刊、领导能力社。

历届学生去向：波士顿学院、波士顿大学、布朗大学、乔治城大学、纽约大学、加州大学。

46. Marvelwood School(奇异木学校)

网　　址：www.marvelwood.org

所 在 州：康涅狄格州(Connecticut)

地　　址：P. O. Box 3001 476 Skiff Mountain Road Kent，CT06757

招生范围：9—12 年级

学生人数：154 人

入学要求：学校成绩单、教师推荐信、面试。

2019 年学费：US $62 200

学校简介：该校是一所规模不大的寄宿学校,建校于1956 年。课程设置以升大学为导向,强调个人特点和动手实践的教育理念。学校提供针对个别学生的指导。学校还开设有英语为第二语言课程(ESL)、大学预科班、暑期班及特殊教育班,还有为外国学生专设的托福补习班。

AP 课程设置：欧洲历史、统计学、生物学、微积分 AB/BC、化学、宏观经济学、微观经济学、物理 B、美国政府与政治、美国历史。

运 动 队：滑冰队、篮球队、越野队、曲棍球队、攀登队、英式足球队、网球队、排球队、棒球队、花样滑冰社、垒球队、山地自行车队。

社　　团：年刊、学生会、摄影社、文学杂志社、音乐社、合唱队。

历届学生去向：波士顿大学、林恩大学、宾州州立大学、印第安大学、纽约州立大学、纽约大学。

47. Miss Porter's School(波特斯女校)

网　　址：www.missporters.org

所 在 州：康涅狄格州(Connecticut)

地　　址：60 Main Street Farmington，CT06032

招生范围：9—12 年级

学生人数：320 人

入学要求：SSAT 成绩、托福成绩、教师推荐信、学校成绩单,面试。

2019 年学费： US $62 325（国际学生寄宿部）

学校简介： 该校声誉很高,是专门培养学生进入美国名校的女子寄宿学校,建校于 1843 年。课程设置严谨且要求严格,大学先修课程有 22 科之多。"勇于创造项目"的课程更是造就了很多小说家、科学家和表演艺术家。每年一月还给学生机会参加实习项目,学生还可以参加为期一个学期或一年的海外交流项目和选修自习课程的培训,学生也需要参加小区活动和包括体育运动在内的其他课外活动。

AP 课程设置： 艺术史、生物学、微积分 AB/BC、计算机科学 A、环境科学、欧洲历史、法国语言和文化、拉丁语、拉丁文学、乐理、物理 B、心理学、西班牙语言和文化、西班牙文学、统计学、化学、中文与文化、艺术工作坊、美国历史。

运 动 队： 滑冰队、越野队、曲棍球队、垒球队、游泳队、田径队、排球队、羽毛球队、马术队、高尔夫球队、英式足球队、网球队。

社 团： 基督教社、法语社、艺术鉴赏社、辩论队、科学社、模特社、文化社、茶文化社、导游社、学生会、寿司社。

历届学生去向： 哈佛大学、麻省理工学院、宾夕法尼亚大学、芝加哥大学、达特茅斯学院、西北大学、约翰·霍普金斯大学、康奈尔大学、卡耐基梅隆大学、乔治城大学、纽约大学、波士顿学院、波士顿大学、美利坚大学。

48. The Oxford Academy（牛津书院）

网 址： www.oxfordacademy.net

所 在 州： 康涅狄格州（Connecticut）

地 址： 1393 Boston Post Road Westbrook，CT06498 - 0685

招生范围： 9—12 年级

学生人数： 48 人

入学要求： 教师推荐信、学校成绩单、面试。

2019 年学费： US $57 000（外国学生寄宿部）

学校简介： 这是建校于 1906 年的一所小型男校,有近一百年历史。学校主要招收 14 至 20 岁,有聪明才智但未能充分发挥潜力的学生,或者是想尽快提高英语能力的外国学生,他们可以参加学校开设的英语为第二语言的强化课程。学校采取一个教师对一个学生的单独教学方法。开创者魏德伯格深知有很多有天分的学生不适合大课堂学习,于是创办该所单独教学为主的学校。在课堂中还采用古希腊哲学家苏格拉底的问答式教学方法,这样既可帮助学生克服挫折感,建立自信心和自尊心,也可加速学业进步。

AP 课程设置： 微积分 AB、语言和文学、欧洲史、经济学、计算机、生物、化学、体育等。

运 动 队： 英式足球队、橄榄球队、篮球队、滑冰队、田径队、越野队。

　社　　团：写作社、国际象棋社、环保社、读书社、音乐社、投资社、学生会、户外活动组、摄影社。

　历届学生去向：亚利桑那州立大学、波士顿学院、波士顿大学、加州州立大学奇科分校、加州州立大学富尔顿分校、加州州立大学长滩分校、加州州立大学洛杉矶分校、加州州立大学圣伯纳迪诺分校、加州州立大学圣地亚哥分校、加州理工大学波莫纳分校、加州设计学院、康奈尔大学、纽约城市大学、佐治亚理工学院、加州大学戴维斯分校、加州大学欧文分校、加州大学默塞德分校、加州大学河滨分校、加州大学圣地亚哥分校、佛罗里达大学、印第安纳波利斯大学。

49. The Rectory School(教区学校)

　网　　址：www.rectoryschool.org

　所 在 州：康涅狄格州(Connecticut)

　地　　址：528 Pomfret Street Pomfret，CT06258－0068 P. O. Box 6

　招生范围：日间部：幼儿园—9 年级

　　　　　　寄宿部：5—9 年级

　学生人数：190 人

　入学要求：教师推荐信、学校成绩单、面试。

　2019 年学费：外国学生寄宿部：US $68 900(5—6 年级)、US $69 100(7—9 年级)

　学校简介：这是一所教会学校,建校于 1920 年,已有近百年办学历史。办学宗旨是要提高学生的学习兴趣,要求严格但课程设置灵活。学校采用小班教学,每班学生人数最多不超过 12 人,而且制订学生个别教学计划,每天还有课业辅导。教师会根据学生的需要进行补课或加强练习,这是该校很突出的特点。

　学校根据学生的能力和特点给学生安排艺术课、运动课的强化训练。表演艺术中心在 2001 年开放,科学楼、图书馆和宿舍也已加建。

　AP 课程设置：生物学、统计学、微积分 AB、微积分 BC、英语文化、英语写作。

　运 动 队：篮球队、足球队、冰球队、英式足球队、网球队、越野队、棒球队、高尔夫球队、曲棍球队、垒球队、田径队、马术队。

　社　　团：制作卡片社、登山社、合唱团、保龄球社、钢琴社、铜管乐队、滑冰社、舞蹈社、电影社、游戏社。

　历届学生去向：埃文老农场学校、班克罗夫特学校、马布莱尔学院、布鲁斯特学院、坎特伯雷学院、柴郡学院、基督学校、克兰布鲁克学院、福尔曼学院、希伯伦学院、肯特山学校、劳伦斯学院、梅塞斯堡学院、弥尔布鲁克学校、诺斯菲尔德山学校、索尔兹伯里学校、圣安得烈学校、圣乔治斯学校、圣杰姆斯学校、圣约翰学校、纽约州立石溪分校、佛蒙特州学院、威斯敏斯特学校。

50. Rumsey Hall School(林西名人学校)

网　　址：www.rumseyhaii.org
所 在 州：康涅狄格州(Connecticut)
地　　址：201 Romford Road Washington Depot，CT06794
招生范围：5—9 年级
学生人数：322 人
入学要求：英文教师推荐信、学校成绩单、标准化考试成绩(非必需)、面试。
2019 年学费：US $63 215
学校简介：这是一所初高中合校的中等学校,建校于 1900 年。当年创校者莉莉亚·林西·三福相信:孩子需要良好的学习环境并不断努力才能达到最大限度的成就。学校的办学宗旨是造就全面发展的学生(Whole - Child Approach to Teaching)。教师与学生很亲近,以营造一种强烈的家庭式氛围,让学生在亲切自然的环境中学习,使学生的潜力发挥到最大,使他们在掌握学科知识的同时,建立自尊心和自信心。

学校设施齐备,新建的艺术中心、科学中心和计算器中心,大大加强了学科的教学效果。学校开设英语为第二语言课程(ESL)、特殊教育班和暑期班。
AP 课程设置：英语和文化、英国文学、法语和文化、拉丁文化、西班牙语和文化。
运 动 队：垒球队、棒球队、冰球队、篮球队、排球队、摔跤队、足球队、曲棍球队、越野队。
社　　团：历史社、拉丁社、西班牙语社、法语社、音乐社、绘画社。
历届学生去向：塔夫脱学校、布莱尔学院、劳伦斯维尔学校、圣乔治学院、迪尔菲尔德学院、韦斯托弗学校、米德尔塞克斯学校、肯特学院、密尔顿学院、撒切尔学校、坎特伯雷学院、圣保罗学校、菲利普斯埃克塞特学院、格罗顿学校。

51. Saint Thomas More School(圣汤玛士·摩尔学校)

网　　址：www.stmct.org
所 在 州：康涅狄格州(Connecticut)
地　　址：45 Cottage Road Oakdale，CT06370
招生范围：7—12 年级
学生人数：男生 200 人
入学要求：教师推荐信、学校成绩单、面试。

2019 年学费： US $58 900（国际学生寄宿部）

学校简介： 这是一所招收 7 年级到大学预科学生的天主教寄宿男校，建校于 1962 年。入学门槛并不高，尽管学生入学时成绩不理想，但通过学校严格的教育，都变成有信心且学习成果丰硕的学生。学校以升大学为课程设置导向，采用小班教学，每班学生人数 12 人。全部教职员工都住校。师生关系融洽，教师对学生可进行个别辅导。除日间上课外，晚自修课也有老师指导。学校开设英语为第二语言课程（ESL）、大学预科班和暑期班。

AP 课程设置： 宏观经济学、微观经济学。

运 动 队： 高尔夫球队、曲棍球队、田径队、越野队、棒球队、英式足球队、篮球队、冰球队、冲浪队、网球队、足球队。

社　　团： 国际象棋俱乐部、创意写作社、西班牙语俱乐部、滑冰俱乐部、烹饪俱乐部。

历届学生去向： 波士顿大学、密歇根州立大学、纽约大学、俄亥俄州立大学、宾州州立大学、纽约州立大学石溪分校、加州大学伯克利分校、华盛顿大学。

52. Salisbury School（索尔兹伯利学校）

网　　址： www.salisburyschool.org

所 在 州： 康涅狄格州（Connecticut）

地　　址： 251 Canaan Road Salisbury, CT06068

招生范围： 9—12 年级

学生人数： 250 人

入学要求： SSAT 成绩、学校成绩单、教师推荐信、面试。

2019 年学费： US $63 250（外国学生寄宿部）

学校简介： 该校建校于 1901 年，中上规模，是一所要求严格的以升大学为导向的教会高中男校。学校强调宗教信心、服务精神、尊重别人及师生间的良好互动。培养学生的目标是让学生达到严格的大学课程要求。教学班学生人数只有 9 人，绝对的小班教学。除学校行政管理外，还设有教区委员会、学生代表等来加强监督管理。学校设施包括新建的文学楼、数学科学楼、小教堂、艺术工作室、太阳能车实验室、摄影室、计算器中心、罗德阅读中心、馆藏二万五千多册的图书馆。学校每年提供 130 万美元的奖学金，帮助有经济困难的学生。学校开设大学预科班及暑期班。课外活动可参加社区服务、辩论队、中心社团、演戏及合唱团。

AP 课程设置： 宏观经济学、微观经济学、法语和文化、生物学、美国历史、拉丁语、英国文学、微积分 AB、微积分 BC、英国文学、拉丁语、物理 B、化学、统计学。

运 动 队： 足球队、冲浪队、高尔夫球队、篮球队、越野队、马术队、攀岩队、滑冰队、棒球队、自行车队、冰球队、花样滑冰队、网球队、曲棍球队。

社　　团：吉他社、科学俱乐部、学生活动中心、钓鱼社、戏剧社、电影制作社、食品社、乐队、数学组、爵士乐队、基督社、宿管部。

历届学生去向：哈佛大学、波士顿学院、波士顿大学、达特茅斯学院、杜克大学、埃默里大学、佛罗里达州立大学、乔治华盛顿大学、印第安大学、曼哈顿学院、迈阿密大学、纽约大学、普林斯顿大学、普渡大学、皇后大学、纽约州立大学石溪分校。

53. South Kent School（南坎特学校）

网　　址：www.southkentschool.org

所 在 州：康涅狄格州（Connecticut）

地　　址：40 Bull's Bridge Road，South Kent，CT06785

招生范围：9—12 年级，大学预科

学生人数：男生 180 人

入学要求：SSAT 成绩、教师推荐信、学校成绩单、面试。

2019 年学费：US $58 000（国际学生寄宿部）

学校简介：建校于 1923 年，办学宗旨是为大学培养学业上过硬、有自学能力、目标明确的人才，课程设置很强调基础学科的科目内容和学习技巧，开设有 8 门大学先修课，各科设有荣誉课程。课程内容和学习方法都受到重视。学生与教师的比例是 5：1，学生可得到足够的指导和辅导。学校要求每个学生发挥自己的长处参加领导才能培训项目。学校的体育运动队很具有竞争力。有长达几英里的越野跑道、越野自行车道、两个滑冰场和其他运动设施。学校另外还开设英语为第二语言课程（ESL）、大学预科班和特殊教育班等。

AP 课程设置：微积分 AB、宏观经济学、英语和文化、比较政府与政治、心理学、统计学、美国历史。

运 动 队：篮球队、冰球队、越野队、英式足球队、曲棍球队、网球队、棒球队。

社　　团：山地自行车社、滑冰社、健身社、多媒体社。

历届学生去向：波士顿学院、布朗大学、达特茅斯学院、埃默里大学、麻省理工学院、宾州州立大学、圣约翰大学、芝加哥大学、康州大学、迈阿密大学、华盛顿大学、耶鲁大学。

54. Suffield Academy（萨菲尔德书院）

网　　址：www.suffieldacademy.org

所 在 州：康涅狄格州（Connecticut）

地　　址：185 N. Main Street Suffield CT06078

招生范围：9—12 年级，大学预科

学生人数：410 人

入学要求：面试、申请表（先面试再填申请表）、三封教师推荐信、学校成绩单。

2019 年学费：US $63 200（外国学生寄宿部）

学校简介：学校建于 1833 年，课程设置目的是培养学生的学术挑战能力。除升大学要求的基础课程以外，每个学生都要选修领导才能培训课。除基础课程外，每门课程都有荣誉课和大学先修课。计算机科学是该校必修课程中的重要部分，也要求学生选修宗教课。艺术和体育课包括视觉和表演艺术课及各种球类、田径类和游泳、滑雪等课程。运动队、音乐艺术社团、学生团体等丰富了学生的课外活动。学校另外还开设英语为第二语言课程（ESL）、大学预科班和暑期班等。

AP 课程设置：物理 C、西班牙文学、美国历史、美国政府与政治、西班牙语和文化、法语和文化、英国文学、化学、微积分 BC、生物学、宏观经济学、统计学、微积分 AB、西班牙文学。

运 动 队：越野队、滑板队、垒球队、水球队、游泳队、足球队、跳水队、篮球队、滑冰队、棒球队、攀岩队、高尔夫球队、曲棍球队、英式足球队、网球队、排球队。

社　　团：模特社、国际学生组织、写作社、国际象棋俱乐部、基督社。

历届学生去向：波士顿大学、布朗大学、哥伦比亚大学、华盛顿大学、乔治城大学、佛罗里达大学、埃默里大学、迈阿密大学、密西西比大学、俄亥俄州立大学。

55. The Taft School（塔夫脱学校）

网　　址：www.taftschool.org

所 在 州：康涅狄格州（Connecticut）

地　　址：110 Woodbury Road Watertown，CT06795

招生范围：9—12 年级

学生人数：596 人

入学要求：SSAT 成绩、SAT 成绩、PSAT 成绩、TOEFL 成绩、教师推荐信、学校成绩单、面试。

2019 年学费：US $62 500（国际学生寄宿部）

学校简介：这是一所私立教会高中，由美国塔夫脱总统的兄弟创建于 1890 年。建校宗旨是培养学生在各方面的责任心和学术成就。学校的重要设施包括藏书 54 000 多册的图书馆、科学数学中心、语音中心、两个剧院、国际互联网、高尔夫球场、冰球场、网球场、橡皮球场、全天候的田径场（室内外）及游戏场。

AP课程设置：拉丁语、英国文学、乐理、世界历史、艺术工作坊、比较政府与政治、微积分 AB、微积分 BC、欧洲历史、化学、环境科学、艺术史、计算机科学 A、物理 B、心理学、西班牙语和文化、生物学、美国历史、中文与文化、美国政府与政治、物理 C、统计学、法语和文化、英语和文化。

运动队：田径队、网球队、曲棍球队、排球队、马术队、越野队、篮球队、滑冰队、棒球队、垒球队、英式足球队、足球队。

社　　团：舞蹈队、法语社、经济俱乐部、国际象棋俱乐部、艺术社、爵士乐队、日语社、模特社、西班牙语社、学生会、数学组、基督社、瑜伽社。

历届学生去向：哈佛大学、普林斯顿大学、耶鲁大学、斯坦福大学、宾夕法尼亚大学、哥伦比亚大学、杜克大学、达特茅斯学院、约翰·霍普金斯大学、布朗大学、圣母大学、乔治城大学、范特比尔大学、密歇根大学、弗吉尼亚大学、南加州大学、纽约大学。

56. Westover School(威斯特沃佛学校)

网　　址：www.westoverschool.org

所 在 州：康涅狄格州(Connecticut)

地　　址：1237 Whittemore Road，Middlebury，CT 06762

招生范围：9—12 年级

学生人数：205 人

入学要求：SSAT 成绩、TOEFL 成绩、学校成绩单、教师推荐信、面试。

2019 年学费：US $66 200(国际学生寄宿部)

学校简介：这是一所顶尖的女子私立学校。学校要求严格,并鼓励、推动学生积极参与各项学术、社会及体育活动。该校毕业的女生都有很高的成就,这得益于该校所开设的多门选修课和大学先修课、表演艺术课和课外活动。该校与任斯列理工学院、曼哈顿音乐学院、康州舞蹈学院有合作培训项目。一个世纪以来,培养了不少艺术人才及其他行业的人才。有各种表演艺术团组、骑术团体和各种运动队。学校的校园建筑精美,曾获得 90 项以上的建筑奖。学生每天都有体育课,以培养他们的运动精神和团队精神。学生来自美国各州及 15 个其他国家,其中亚洲学生占一半比例。特别课程包括英语为第二语言课程(ESL)。

AP课程设置：微积分 AB/BC、中文与文化、心理学、二维设计、绘画、宏观经济学、微观经济学、乐理、西班牙语和文化、欧洲历史、生物学、美国历史、比较政府与政治、美国政府与政治、英国文学、艺术史、计算机科学 A、统计学、化学、环境科学、法语和文化、生物学、英语和文化、拉丁语、世界历史、物理 1。

运动队：篮球队、越野队、曲棍球队、网球队、英式足球队、垒球队、排球队。

社　　团：拉丁俱乐部、年刊、戏剧社、法语社、艺术社、环保社、西班牙语社、模特社、摄影社、学生会、杂志社、圣经辅导社。

历届学生去向：耶鲁大学、宾夕法尼亚大学、康奈尔大学、乔治城大学、约翰·霍普金斯大学、埃默里大学、弗吉尼亚大学、伊克森林大学、波士顿学院、纽约大学、威廉和玛丽学院、罗切斯特大学、北卡罗来纳大学、塔夫茨大学、加州大学圣地亚哥分校、伊利诺伊大学。

57. Westminster School(西敏斯特学校)

网　　址：www.westminster-school.org

所 在 州：康涅狄格州(Connecticut)

地　　址：P. O. Box 337 995 Hopmeadow Street CT06070 - 0337 Simsbu

招生范围：9—12 年级

学生人数：393 人

入学要求：SSAT 成绩或 TOERL 成绩、学校成绩单、教师推荐信、面试。

2019 年学费：US $62 475(外国学生寄宿部)

学校简介：这是一所由九年级到大学预科的私立教会高中,建校于 1888 年。学校要求学生全面平衡发展,在完成紧凑严格的 80 门升大学基本课程和 17 门大学先修课程(AP)之余,还要参与体育、艺术及其他活动。每年该校的运动队参加的比赛超过五百多场次。学校安排的日常时间表很紧凑,学生上课前有早自习课,以学习小组为单位。课外活动除艺术及体育外,还有学生自己主持的教会活动及各种领导才能培训营和团队活动。学生的伙食采用家庭式用餐方式,学生要参与餐点的准备。学生常利用下午课余时间参与社区服务。学校另外开设有大学预科班。

AP 课程设置：微观经济学、物理 C、心理学、宏观经济学、西班牙文学、西班牙语和文化、乐理、欧洲历史、计算机科学 A、环境科学、比较政府与政治、美国历史、绘画、英国文学、拉丁语、微积分 AB/BC、化学、英语和文化、化学、生物学、法语和文化、艺术史、统计学。

运 动 队：高尔夫球队、游泳队、垒球队、曲棍球队、篮球队、网球队、跳水队、足球队、冰球队、英式足球队、棒球队、越野队、田径队。

社　　团：舞蹈队、爵士乐队、艺术社、模特社、戏剧社、学生会、文学杂志社、烹饪社。

历届学生去向：哈佛大学、宾夕法尼亚大学、普林斯顿大学、哥伦比亚大学、布朗大学、达特茅斯学院、埃默里大学、纽约大学、波士顿学院、维克森林大学、伊利诺伊大学、塔夫茨大学、弗吉尼亚大学、理海大学、乔治华盛顿大学、丹佛大学、鲍登学院、卫斯理学院。

58. The Woodhall School(木厅学校)

网　　　址：http：//woodhallschool.org

所　在　州：康涅狄格州(Connecticut)

地　　　址：58 Harrison Lane P. O. BOX 550 Bethleham，CT06751

招生范围：9—12 年级

学生人数：42 人

入学要求：教师推荐信、学校成绩单、面试。

2019 年学费：US $74 500(外国学生寄宿部)

学校简介：这是一所私立高中特色男校,建校于 1982 年。办学宗旨在于培养学生的学术能力、沟通技巧、自我表达技能和责任感。他们认为教导学生将学习技能和自我表达技能相结合,能够使学生更有信心去学习。学校根据每人不同的需要而开设个别课程,使失去学习动机及自信心、学习技巧不足、有家庭问题的学生受益良多。

AP 课程设置：生物学、欧洲历史、微积分 AB/BC。

运　动　队：篮球队、越野赛跑队、足球队、自由滑雪队、冰上曲棍球队、山地自行车队、越野滑雪队、自行车队、拳击队、保龄球队、高尔夫球队、武术队、游泳队、皮划艇队。

社　　　团：艺术社团、无伴奏音乐社团、国际象棋社团、天文学社团、辩论社团、文学社团。

历届学生去向：阿德菲大学、阿卡迪亚大学、贝瑞大学、克拉克大学、南卡罗来纳大学、科罗拉多州矿业大学、库里学院、加利福尼亚多米尼加大学、卓克索大学、伊隆大学、乔治华盛顿大学、杰克森维尔大学、约翰逊·威尔士大学、门罗大学、北卡罗来纳州立大学、瑞吉斯大学、伦斯勒理工学院、罗彻斯特理工学院、诺基山大学、斯克兰顿大学、史蒂文斯理工学院、雪城大学、康乃狄克大学、丹佛大学、雷德兰大学、罗切斯特大学、圣地亚哥大学、奥查克斯大学、佛蒙特大学。

59. St. Albans School(圣奥本斯学校)

网　　　址：www.stalbansschool.org

所　在　地：华盛顿特区(Washington D. C.)

地　　　址：Mount St. Alban Washington，DC20016

招生范围：9—12 年级

学生人数：男生 575 人

入学要求：SSAT 成绩、学校成绩单、教师推荐信、面试。

2019 年学费：US $66 918(国际学生寄宿部)

学校简介：该校建于 1909 年,是以日间部为主的教会男校。办学宗旨是培养学生德、智、体全面发展。收少数寄宿生。教师质量出色,课程设置严谨,对各门大学预备课程都有较高的要求,并有大学先修课(AP),各科设有荣誉课程。学生来源主要是美国的基督徒,宗教课程是必修课,因为信仰和道德责任是该校的重要教育方针之一。此外,学生对社会活动的积极参与也是学校的教育目标。

AP 课程设置：电脑科学、中文和文化、法语和文化、日语和文化、拉丁语和文化、西班牙语和文化、西班牙文学、欧洲历史、人类地理学、微积分 AB/BC、统计学、生物学、化学、物理 1/2/C、环境科学。

运 动 队：足球队、网球队、羽毛球队、高尔夫球队、游泳队、越野队。

社　　团：戏剧社、舞蹈队、摇滚乐队、爵士乐队、摄影队、合唱队、创意设计社。

历届学生去向：哥伦比亚大学、达特茅斯学院、普林斯顿大学、宾夕法尼亚大学、杜克大学、斯坦福大学、马里兰大学、埃默里大学、波士顿学院、波士顿大学、布朗大学、卡内基梅隆大学、威廉和玛丽学院、科罗拉多学院、乔治城大学。

60. St. Andrew's School(圣安德鲁斯学校)

网　　址：www.standrews-de.org

所 在 州：德拉瓦州(Delaware)

地　　址：350 Noxontown Road Middletown，DE19709

招生范围：9—12 年级

学生人数：299 人

入学要求：SSAT 成绩、教师推荐信、学校成绩单、面试。

2019 年学费：US $60 470(国际学生寄宿部)

学校简介：这是一所中小型的寄宿学校,建校于 1929 年。学生素质较高,教师大多毕业于美国名校,且种族背景较广泛,符合学校希望学生能受益于教师多元化种族、文化、经济背景的办学宗旨。学校要求教师有活力、热情,有创造性,并深切关怀每一个学生的成长和进步。该校学生和教师共同住校,以营造相互信赖、相互影响的学习环境。1999年后,该校有连续三年毕业生进入哈佛大学超过 15 人,进入其他常春藤名校的毕业生比率高达 50%的辉煌纪录。该校 40%的学生得到学校提供的经济资助,使他们能完成本校的高质量教学要求。

运 动 队：篮球队、游泳队、排球队、英式足球队、越野队、曲棍球队、网球队、棒球队、曲棍球队、马术队。

社　　团：桥牌社、电脑社、冲浪俱乐部、学生报社、爵士乐队、钓鱼社、法语社、科学研究社、西班牙语俱乐部、山地自行车俱乐部、独立电影社、环保社。

历届学生去向：哈佛大学、耶鲁大学、斯坦福大学、麻省理工学院、加州理工大学、哥伦比亚大学、杜克大学、达特茅斯学院、宾夕法尼亚大学、芝加哥大学、华盛顿大学、布朗大学、约翰·霍普金斯大学、乔治城大学、弗吉尼亚大学、康奈尔大学。

61. Admiral Farragut Academy(佛拉格特海军书院)

网　　　址：www.farragut.org

所 在 州：佛罗里达州(Florida)

地　　　址：501 Park St. N Petersburg，FL33710

招生范围：7—12 年级

学生人数：310 人

入学要求：SLEP 及 TOEFL 成绩、学校成绩单、数学及英文教师推荐信、面试。

2019 年学费：US $54 750(外国学生寄宿部)

学校简介：这是一所建校于 1933 年,具有传统的军事学校。该校 25% 的毕业生可获得以学科和大学入学考试为基础的美国预备军官奖学金。历年来毕业生也能够获得可观的各种院校的奖学金,38% 的学生可以进入他们选择的第一志愿学校。课外活动包括各项体育运动、潜水、飞行、短途旅行等。学校重要设施包括每个宿舍有独立的浴室、多媒体中心、400 个座位的戏院、航海船队、馆藏 13 000 册的图书馆、3 500 平方英尺的摔跤场、周末活动中心。

AP 课程设置：微观经济学、美国历史、生物学、微积分 AB/BC、统计学、英国文学、英语和文化、化学、物理 B。

运 动 队：网球队、排球队、曲棍球队、冲浪队、羽毛球队、越野队、篮球队、跳水队、足球队、游泳队、田径队、高尔夫球队、自行车队、英式足球队。

社　　　团：艺术社、国际象棋俱乐部、健身社、辩论社、吉他社、心理学社。

历届学生去向：哈佛大学、波士顿大学、波士顿学院、加州大学、埃默里大学、佛罗里达大学、科罗拉多大学、迈阿密大学、乔治城大学、乔治顿大学、密西西比大学、华盛顿大学、俄亥俄大学、普渡大学、宾州州立大学、圣约翰大学、纽约州立大学石溪分校。

62. The Bolles School(波列斯学校)

网　　　址：www.bolles.org

所 在 州：佛罗里达州(Florida)

地　　　址：7400 San Jose Blvd Jacksonville，FL32217

招生范围：7—12 年级

学生人数：1 700 人

入学要求：SSAT 及 TOEFL 成绩、学校成绩单、教师推荐信、面试。

2019 年学费：US $55 630（国际学生寄宿部）

学校简介：始建于 1933 年，1961 年改为普通男校，1971 年改为男女合校，之后不断扩大，至今已有五座校园，拥有近 2 000 个学生，招生范围从初中至高中甚至大学预科。该校的课程设置以升大学为导向，课程编排具有挑战性，其中包括大学先修课、表演艺术课和技术课程。学生的大学安置项目在全国受到认可，该项目根据学生的不同特点、能力选择大学。学生毕业后 100% 进入大学就读。该校学生的大学先修课考试成绩一直是全国前 10 名。该校的游泳队曾获全国奖。学校的网球队和高尔夫球队是美国专业网球协会会员和邦特高尔夫学院下属队，这两个球队的队员都经过精选且密集严格的培训。学校还开设英语为第二语言课程（ESL）、大学预科课程，日间部还开设学前班。

AP 课程设置：美国政府与政治、美国历史、微积分 AB/BC、法语和文化、计算机科学 A、化学、英语和文化、英国文学、生物学、统计学、物理 B、拉丁语、欧洲历史、绘画、二维设计、三维设计、比较政府与政治、西班牙文学、艺术史、西班牙语和文化。

运 动 队：网球队、排球队、曲棍球队、足球队、越野队、篮球队、跳水队、游泳队、田径队。

社　　团：冰球俱乐部、冲浪俱乐部、健身俱乐部。

历届学生去向：哈佛大学、约翰·霍普金斯大学、莱斯大学、杜克大学、耶鲁大学、布朗大学、哥伦比亚大学、宾夕法尼亚大学、华盛顿大学、西北大学、斯坦福大学、达特茅斯学院、乔治城大学、波士顿大学、康奈尔大学、卡耐基梅隆大学、纽约大学。

63. Montverde Academy（蒙特佛德书院）

网　　址：www.montverde.org

所 在 州：佛罗里达州（Florida）

地　　址：17235 7th St，Montverde，FL34756

招生范围：7—12 年级

学生人数：998 人

入学要求：学校成绩单、教师推荐信、面试。

2019 年学费：US $51 350（外国学生寄宿部）

学校简介：建校于 1912 年。学校强调知识、个人和团队共同发展，注重培养学生自律和责任感。课程设置多层次，包括为升大学的学生设计的大学预备课程，以及先修课程，有荣誉班，为国外学生设计的多种水平英语为第二语言课程（ESL），为有轻微学习障碍的学生设计的额外辅助和强化课程。学校特别设一个名为"新发现"的辅导计划,专门为学业跟不上的学生进行小组或个别辅导。学习技能课程给这些学生额外的帮助和鼓励,也为那些没有良好学习习惯和组织技能的学生设计特别辅导计划。

AP 课程设置: 乐理、西班牙语和文化、化学、中文与文化、生物学、人类地理学、微积分 AB、微积分 BC、宏观经济学、世界历史、比较政府与政治、英国文学、英语和文化、中文与文化、统计学、计算机科学 A、欧洲历史、物理 B、绘画、微观经济学、二维设计、三维设计、美国历史、美国政府与政治、艺术史、物理 C。

运 动 队: 越野队、排球队、网球队、游泳队、马术队、棒球队、英式足球队、田径队、篮球队、高尔夫球队、垒球队。

社　　团: 学生会、年刊、摄影社、模特社、数学社、科学社、电脑社、中文社、报社、戏剧社、国际象棋俱乐部、搏斗社。

历届学生去向: 哈佛大学、波士顿学院、康奈尔大学、达特茅斯学院、杜克大学、乔治城大学、济州大学、佛罗里达大学、麻省理工学院。

64. Pine Crest School(松峰学校)

网　　址: www.pinecrest.edu

所 在 州: 佛罗里达州(Florida)

地　　址: 1501 NE 62nd Street Fort Lauderdale,FL33334

招生范围: 学前班—12 年级

学生人数: 920 人

入学要求: 学校成绩单、教师推荐信、面试。

2019 年学费: US $33 500(外国学生寄宿部)

学校简介: 这是一所规模较大的学科与课外活动都享有盛誉的学校,建校于 1934 年。学校设有 19 个大学先修课(AP)及荣誉班,供学生选修。因为地理位置的关系,该校还专门开设了海洋生物这门课,给学生很多实地考察的机会。重要设施有占地 24 000 平方英尺的科学中心。该校有二十多种运动可供学生自由参加。近三分之一的学生毕业后进入常春藤大学,另三分之一进入私立名校。

AP 课程设置: 英语、英国文学、创意写作、戏剧、电脑科学、阿拉伯语、微积分 AB、统计学、微积分 BC、工程设计、物理 B、化学、生物学、环境科学、物理 C、心理学、科学研究、人类地理学、美国历史、艺术史、美国政府与政策、微观经济学、宏观经济学、欧洲历史、世界历史、中文、法语。

运 动 队: 篮球队、游泳队、网球队、田径队、排球队、举重队、跳水队、冲浪队、越野队、高尔夫球队、曲棍球队、垒球队。

社　　团：视觉艺术社、表演艺术社、摄影社、合唱团、乐队、爵士社、模特社、法语社、学生会、管弦乐团、戏剧社、辩论队。

历届学生去向：哈佛大学、哥伦比亚大学、麻省理工学院、耶鲁大学、达特茅斯大学、普林斯顿大学、杜克大学、埃默里大学、布朗大学、波士顿大学、纽约大学、宾州州立大学、佛罗里达大学、乔治城大学、乔治华盛顿大学、美利坚大学、波士顿学院、威廉和玛丽学院。

65. Saint Andrew's School（圣安德鲁斯学校）

网　　址：www.sanitandrews.net
所 在 州：佛罗里达州（Florida）
地　　址：3900 Jog Road Boca Raton，FL33434
招生范围：9—12 年级
学生人数：579 人
入学要求：SSAT 或 ISEE 成绩单、学校成绩单、教师推荐信、面试。
2019 年学费：US $59 850（外国学生寄宿部）
学校简介：这是著名私校圣安德鲁斯在佛罗里达州的分校，建校于 1962 年。重要设施包括视觉艺术中心和学生公用楼。这是一所以升大学为导向，要求严格的学校。课程设置严谨，要求高，除基本科目外，还设有各年级的各科目的荣誉班和大学先修课。学校重视学生德、智、体全面发展。要求学生参加不同的体育运动队、艺术项目和其他课外活动队。它的游泳队、长跑队、网球队、高尔夫球队、篮球队和曲棍球队均获过奖。学校另外还开设英语为第二语言课程（ESL）和暑期学校。

AP 课程设置：西班牙文学、西班牙语文化、美国历史、物理 C、化学、统计学、艺术史、生物学、微积分 AB、微积分 BC、拉丁语、英国文学、英语和文化、乐理、拉丁语、人类地理学、法语和文化、环境科学、美国政府与政治、美国历史、欧洲历史、计算机科学 A、宏观经济学、微观经济学。

运 动 队：水球队、曲棍球队、排球队、游泳队、田径队、保龄球队、棒球队、网球队、足球队、垒球队、越野队、篮球队、跳水队、高尔夫球队、英式足球队。

社　　团：基督社、西班牙语社、法语社、文学杂志社、英语辅导社、音乐社、游戏俱乐部。

历届学生去向：哈佛大学、耶鲁大学、哥伦比亚大学、普林斯顿大学、宾夕法尼亚大学、杜克大学、达特茅斯学院、约翰·霍普金斯大学、康奈尔大学、布朗大学、莱斯大学、西北大学、埃默里大学、圣母大学、华盛顿大学、纽约大学、波士顿学院、威廉和玛丽学院。

66. The Vanguard School(永嘉学校)

网　　址：www.vanguardschool.org

所 在 州：佛罗里达州(Florida)

地　　址：22000 North US highway 27 Lake Wales，FL33853 - 7818

招生范围：5—12 年级

学生人数：133 人

入学要求：WISC - Ⅲ的成绩、学校成绩单、三年以内的心理测试结果、教师推荐信、面试。

2019 年学费：US $49 000(外国学生寄宿部)

学校简介：这是一所特殊教育专门学校。招生对象为有学习障碍、阅读困难和注意力缺失(注意力不能集中)的 10 至 18 岁学生。学校的个别教学和矫正课程是针对每一个学生的情况来制定的,阅读、数学和语言的治疗课则是采用小组指导,一对一或小组教学。学生与教师比例为 3∶1,采用鼓励和奖励的方法来帮助学生在学业、社交和个人能力等方面得到发展。校际运动队能帮助培养学生的领导能力。

AP 课程设置：物理 B、英语和文化、英国文学、环境科学、法语和文化、人类地理学、心理学、西班牙语和文化、世界历史。

运 动 队：游泳队、足球队、高尔夫球队、网球队、健身队、摔跤队、皮划艇队、马术队、曲棍球队、自行车队、登山队、垒球队。

社　　团：国际象棋俱乐部、学生会、化学社、戏剧俱乐部、环境俱乐部、数学组。

历届学生去向：普林斯顿大学、斯坦福大学、芝加哥大学、杜克大学、布朗大学、范德堡大学、加州大学伯克利分校、南加州大学、弗吉尼亚大学、纽约大学、杜兰大学、贝勒大学。

67. Brandon Hall School(布兰顿学校)

网　　址：www.brandonhall.org

所 在 州：乔治亚州(Georgia)

地　　址：1701 Brandon Hall Drive Atlanta，GA30350

招生范围：7—12 年级

学生人数：200 人

入学要求：学校成绩单、教师推荐信、入学标准考试成绩、面试。

2019 年学费：US $65 725(外国学生寄宿部)

学校简介：这是在乔治亚州第一所获选为全美优秀学校的特殊教育学校,建校于1959年,已有半个多世纪的历史。招收对象为在普通学校成绩低下、学习方式有异、缺乏正确学习技巧和缺少学习动力的学生。小班教学和一对一个别指导为课程设置的导向。学生与教师比例为3：1,教学上刻意培养学生的信心,学校有句名言是"我可以做","做不到"不能成为失败的借口。该校毕业学生100％进入大学。学校所开设的大学预科班适合那些还没做好心理准备进入大学的学生。学校有9支很具有竞争能力的校际运动队及其他校内运动队。学校另外还开设英语为第二语言课程(ESL)、大学预科班、特殊教育班和暑期班。学校对有经济困难的学生提供经济资助。

AP 课程设置: 微积分 AB、微积分 BC、美国历史、美国政府与政治、统计学、生物学、比较政府与政治、西班牙语和文化、物理 B/C、宏观经济学、微观经济学、英国文学、化学。

运 动 队: 田径队、网球队、棒球队、高尔夫球队、篮球队、英式足球队、越野队。

社　　团: 国际象棋俱乐部、艺术社、书籍社、科学研究社、文学杂志社、电影历史社。

历届学生去向: 宾夕法尼亚大学、雪城大学、乔治华盛顿大学、摩斯大学、华盛顿州立大学、林恩大学、普渡大学、南卡罗来纳大学。

68. Darlington School(达灵顿学校)

网　　址: www.darlingtonschool.org

所 在 州: 乔治亚州(Georgia)

地　　址: 1014 Cave Spring Road,Rome,GA30161 - 4700

招生范围: 9—12 年级

学生人数: 456 人

入学要求: SSAT 成绩、学校成绩单、两份推荐表(英语、数学教师)、面试。

2019 年学费: US $61 120(外国学生寄宿部)

学校简介: 建校于 1905 年的中等规模的大学预备学校。学校开设各科升大学预备课程和大学先修课(AP)。英语学习系统和群体之首计划是学校的重要教育计划,学生积极参与该计划可提高学习成绩及在学校生活的能力。学校学生与教师比例是 5：1,每班平均人数 13 人。另外,还开设英语为第二语言课程(ESL)、大学预科班、暑期班。课外活动项目除体育外,还可参与印刷出版、网页制作、音乐及戏剧组、社区服务、户外活动项目。

AP 课程设置: 英国文学、比较政府与政治、微积分 AB/BC、乐理、生物学、世界历史、英语和文化、西班牙语和文化、欧洲历史、环境科学、物理 B、心理学、西班牙文学、统计学、英国文学、物理 C、二维设计、三维设计、绘画、美国政府与政治、美国历史。

运 动 队: 越野队、网球队、田径队、游泳队、英式足球队、跳水队、篮球队、曲棍球队、排球队、棒球队、足球队、垒球队、高尔夫球队。

社　　团：合唱团、健身社、爵士社、数学组、西班牙语俱乐部、国际象棋俱乐部、信息技术部。

历届学生去向：宾夕法尼亚大学、哥伦比亚大学、杜克大学、华盛顿大学、约翰·霍普金斯大学、埃默里大学、莱斯大学、加州大学伯克利分校、弗吉尼亚大学、南加州大学、密歇根大学、布兰代斯大学、纽约大学、乔治理工学院、罗切斯特大学、威斯康辛大学、迈阿密大学、乔治华盛顿大学、波士顿大学、匹兹堡大学、特拉华大学。

69. Rabun Gap-Nacoochee School(拉宾峡学校)

网　　　址：www.rabungap.org
所　在　州：乔治亚州(Georgia)
地　　　址：339 Nacoochee Drive Rabun Gap，GA30568 - 9850
招生范围：日间部：7—12 年级
　　　　　寄宿部：6—12 年级
学生人数：400 人
入学要求：IJER 成绩、SSAT 成绩、TOEFL 成绩、面试。
2019 年学费：US $65 380(外国学生寄宿部)
学校简介：建校于 1903 年,是一所属基督教长老会的教会学校。这是一所升大学预备中学,每班学生人数 16 人以下。除基本课程以外,学校还开设荣誉课程和大学先修课。学校向学生提供大学申请指导及入学考试复习课程。课外活动内容主要是艺术、体育、户外探险和马术课程。学生来自美国 15 个州和 14 个其他国家。学校开设有英语为第二语言课程(ESL)。

AP 课程设置：欧洲历史、美国文学、美国历史、美国政府与政治、绘画、生物学、物理B、英语和文化、宏观经济学、微积分 AB、微积分 BC、微观经济学、英国文学、环境科学、法语和文化、化学。

运　动　队：篮球队、田径队、网球队、排球队、棒球队、高尔夫球队、越野队、英式足球队、游泳队、足球队、垒球队。

社　　团：模特社、学生会、戏剧社、爵士社、法语社、环保社、舞蹈社、文学杂志社、数学组、摄影社、音乐社、宿管部、辅导社。

历届学生去向：哈佛大学、普林斯顿大学、耶鲁大学、宾夕法尼亚大学、芝加哥大学、布朗大学、西北大学、约翰·霍普金斯大学、埃默里大学、莱斯大学、加州大学伯克利分校、卡耐基梅隆大学、南加州大学、密歇根大学、北卡罗来纳大学、维克森林大学、布兰代斯大学、纽约大学、伊利诺伊大学、威廉和玛丽学院、波士顿学院。

70. Riverside Military Acadmey(河边军事书院)

网　　　址：www.cadet.com

所 在 州：乔治亚州(Georgia)

地　　　址：2001 Riverside Drive Gainesville，GA30501

招生范围：7—12 年级

学生人数：550 人

入学要求：SSAT 成绩、面试。

2019 年学费：US $45 320(外国学生住宿部)

学校简介：这是一所建于 1907 年,美国南部最古老、最具口碑的大学预备寄宿男校。该校从 1913 年开始由比佛将军担任校长,直到他 1969 年去世。在这 50 年中,他领导这所军校从很小的规模发展到今天全美最大的军事化教导的荣誉大学预备学校。学生必须行为良好,成绩中等以上,有上进心。课程设置具有挑战性,强调学生要认真努力学习专业课程,积极参与军事活动,刻苦锻炼体魄和培养领导才能。

AP 课程设置：生物学、化学、世界历史、英语文学与写作、统计学、微积分 AB、物理、美国历史。

运 动 队：足球队、游泳队、网球队、越野队、篮球队、棒球队、英式足球队、田径队。

社　　　团：电影社、戏剧社、环保社、生物社、计算机社团、舞蹈队、音乐社、天文学社。

历届学生去向：波士顿大学、爱荷华州立大学、纽约大学、宾夕法尼亚州立大学、普渡大学、伦斯勒理工学院、东南大学、美国军事学院、华盛顿大学、加州大学伯克利分校。

71. Tallulah Falls School(托鲁拉瀑布学校)

网　　　址：www.tallulahfalls.org

所 在 州：乔治亚州(Georgia)

地　　　址：P. O. Box 10 201 Campus Drive Tallulah Falls，GA30573

招生范围：7—12 年级

学生人数：425 人

入学要求：学校成绩单、SSAT 成绩、TOEFL 成绩、教师推荐信、面试。

2019 年学费：US $45 000(外国学生住宿部)

学校简介：学校建于 1909 年,已有百年历史。这是一所经过美国南院校协会和乔治亚州质量鉴定委员会认可的高质量中学(这是高中所能得到的最高评定)。学校的办学宗旨是强调学生的全面发展,纪律严格,但仍以大学预备为基础。课程设置带有挑战性,采用小班教学,且带有灵活性。该校限制招生,招生人数每年不超过 150 人,以确保质量。1989 年该校学生参加美国太空总署举办的科学竞赛并胜出得奖,获得美国总统的贺信。该校的运动队是乔治亚高中协会成员。运动项目包括棒球、篮球、网球、高尔夫球、田径和长跑。

AP 课程设置: 化学、世界历史、微积分 AB/BC、美国历史、英语和文化、生物学。

运 动 队: 棒球队、游泳队、排球队、篮球队、越野队、高尔夫球队、田径队、英式足球队、网球队。

社　　团: 戏剧社、马术社、艺术社、合唱团、辅导社、舞蹈队。

历届学生去向: 杜克大学、乔治亚理工学院、达特茅斯学院、范德比尔特大学、加州大学、乔治亚大学、弗吉尼亚大学。

72. Hawaii Preparatory Academy(夏威夷预备学校)

网　　址: www.hpa.edu

所 在 州: 夏威夷州(Hawaii)

地　　址: 65 - 1692 Kohala Mountain Road Kamuela, HI96743 - 8476

招生范围: 6—12 年级

学生人数: 600 人

入学要求: SSAT 或 ISEE 成绩、学校成绩单、短文一篇、面试。

2019 年学费: US $64 500(外国学生寄宿部)

学校简介: 这是一所较大型的寄宿学校,建校于 1949 年,包含小学部、初中部和高中部。该校课程设置以大学预备为导向,培养的学生学习能力可达到平均以上水平。学校因地理位置之便,在升大学基础课以外,还增开海洋生物学、火山学和考古学,这些课程给学生提供实地经验和使用最新技术的机会。该校校际运动队和校内运动队都十分活跃。学校另外还开设英语为第二语言课程(ESL)和暑期学校。

AP 课程设置: 微积分 AB/BC、世界历史、心理学、统计学、英国文学、法语和文化、日语和文化、艺术史、生物学、物理 B、物理 C、英语和文化、化学、美国历史、西班牙语和文化、绘画。

运 动 队: 游泳队、网球队、排球队、垒球队、足球队、篮球队、水球队、越野队、棒球队、田径队、高尔夫球队、英式足球队、马术队。

社　　团: 篮球社、舞蹈队、环保社、摄影俱乐部、瑜伽社、文学杂志社、夏威夷俱乐部。

历届学生去向: 哈佛大学、普林斯顿大学、芝加哥大学、杜克大学、达特茅斯学院、约翰普林斯顿大学、康奈尔大学、埃默里大学、莱斯大学、加州大学伯克利分校、弗吉尼亚大学、密歇根大学、纽约大学、波士顿学院、里海大学、伊利诺伊大学、宾州州立大学、科罗拉多大学、巴德纳学院。

73. Brehm Preparatory School(布莱姆预备学校)

网　　址：www.brehm.org

所 在 州：伊利诺伊州(Illinois)

地　　址：950 South Brehm Lane Carbondale，IL62901

招生范围：6—12 年级

学生人数：102 人

入学要求：学校成绩单、原有的特殊教育计划(没有可免)、以前测试的复印件、现有测试(学习能力测试)。

2019 年学费：US ＄77 500(国际学生寄宿部)

学校简介：这是一所提供特殊教育的专门寄宿学校,建校于 1982 年,曾获得国家教育部"蓝带奖"荣誉。专门招收被诊断为有学习障碍、多动症(注意力缺失症)的 11 岁到 21 岁的学生。学校注重学生的学业、社会交际能力的培养,也专注于学生情绪上的需求。课程设置是以升大学为导向,强调教导学生成为有自学能力和自我判断技巧的人,充分发掘学生的潜力,为升大学或走向社会做准备。校园周围众多的湖泊、国家公园给学生提供很多户外学习和活动的机会,附近的大学设备也开放给该校学生。

运 动 队：篮球队、棒球队、英式足球队。

社　　团：艺术部、游泳社、保龄球社、高尔夫球社、自行车社、排球社、爱护动物社。

历届学生去向：约翰逻根学院、新英格兰学院、南伊利诺伊大学爱德华兹维尔分校。

74. Lake Forest Academy(湖林书院)

网　　址：www.lfanest.org

所 在 州：伊利诺伊州(Illinois)

地　　址：1500 West Kennedy Road，Lake Forest，IL60045

招生范围：9—12 年级

学生人数：434 人

入学要求：SSAT 成绩、面试。

2019 年学费：US ＄63 750(外国学生寄宿部)

学校简介：这是一所已有一个半多世纪的历史非常悠久的寄宿高中。该校从 1857 年建校以来,一直享有很好的口碑,以严格但亲切的学习环境著称,实施小班教学,每班 12 人,师生之间有良好密切的交流。培训宗旨为知识、文化和个人技巧并进。从大学先修课考试成绩来看,该校教学成果骄人。学校开设有大学先修课(AP),且各科设有荣誉课程。学校另外还开设英语为第二语言课程(ESL)、暑期班等。

AP 课程设置: 西班牙文学、统计学、计算机科学 A、生物学、世界历史、英国文学、欧洲历史、艺术史、环境科学、中文与文化、英语和文化、物理 B、计算机科学 AB、法语和文化、拉丁文学、美国历史、物理 C、化学、宏观经济学、微积分 AB/BC、微观经济学、乐理、拉丁语、西班牙语和文化。

运 动 队: 高尔夫球队、田径队、棒球队、越野队、足球队、冰球队、排球队、冲浪队、网球队、游泳队、篮球队、英式足球队。

社 团: 摄影社、水球社、年刊、修图社、投资社、国际象棋俱乐部、辩论社、烹饪社、桥牌社、中文社、历史社、日语社、文学杂志社、舞蹈队、电影社、图书管理社、曲棍球社。

历届学生去向: 哈佛大学、耶鲁大学、斯坦福大学、宾夕法尼亚大学、杜克大学、芝加哥大学、达特茅斯学院、约翰·霍普金斯大学、康奈尔大学、布朗大学、卡耐基梅隆大学、乔治城大学、加州大学洛杉矶分校、莱斯大学、密歇根大学、纽约大学、威廉和玛丽学院、伊利诺伊大学、威斯康辛大学、弗吉尼亚大学。

75. Marmion Academy(玛米安书院)

网 址: www.marmion.org

所 在 州: 伊利诺伊州(Illinois)

地 址: 1000 Butterfield Road Aurora,IL60504

招生范围: 9—12 年级

学生人数: 男生 460 人

入学要求: 学校成绩单、三封教师推荐信、英语水平测试或入学考试、面试。

2019 年学费: US $12 900(国际学生寄宿部)

学校简介: 这是一所有八十多年历史的罗马天主教教会私立男校,建校于 1933 年。课程设置以培养学生的领导才能和价值观为导向,是一所文科为主的大学预备学院。学校要求学生学业与道德并重发展,所以该校有较强的以学科为基础的领导才能培训课程,同时设有大学先修课(AP),且各科设有荣誉班级。

学生可选择参加青年军事项目(TROTC)、领导才干培训或社区服务作为课外活动。青年军事训练项目注重培养学生的历史知识、领导才能、口语表达能力等。他们要参加军训、例行检查和列队游行等,通过训练不断增强责任感和领导才能。但学生完成训练后,不一定要进入军事大学。

AP 课程设置: 英语、美国历史、微积分、统计学、世界语言、音乐理论、生物学、化学、物理。

运 动 队: 摔跤队、排球队、足球队、篮球队、棒球队、橄榄球队。

社　　团：国际象棋俱乐部、戏剧社、艺术俱乐部、辩论社、钓鱼社、法语社、吉他社、拉丁语社、意大利语社、数学组、摄影社、科学社、学生会、西班牙语社、年刊、技术社。

历届学生去向：哈佛大学、达特茅斯学院、麻省理工学院、杜克大学、佛罗里达州立大学、乔治城大学、波士顿大学、波士顿学院、科罗拉多州立大学、印第安大学、迈阿密大学、纽约大学、宾州州立大学、普渡大学、芝加哥大学、芝加哥艺术学院。

76. Woodlands Academy of the Sacred Heart(林地圣心书院)

网　　址：www.woodlands.lfc.edu

所 在 州：伊利诺伊州(Illinois)

地　　址：760 East Westleigh Road Lake Forest，IL60045

招生范围：9—12 年级

学生人数：女生 200 人

入学要求：学校成绩单、教师推荐信、入学考试、面试。

2019 年学费：US ＄54 530(外国学生住宿部)

学校简介：这是一所建校于 1858 年的天主教会私立女校,以升大学为导向。课程设置除大学预备课以外,还开设大学先修课(AP)、美术课、科学课和学习与服务项目。该校学生有 100％的升大学率,毕业生也有全国学术优胜奖的最终得主。美术与合唱团也常得奖。该校的科学项目的辩论队荣获特级嘉奖。90％的学生参加大学先修课考试得到 3、4、5 分的好成绩,17％的毕业生获得伊利诺伊州学者奖,11％的学生获得大学先修课学者奖。学校另外还开设英语为第二语言课程(ESL)和暑期课程。圣心盟校在全世界有 200 家之多,所以常有海外交换项目。

AP 课程设置：物理 B、统计学、拉丁语、生物学、西班牙语和文化、微积分 AB、法语和文化。

运 动 队：篮球队、英式足球队、排球队、曲棍球队、高尔夫球队、垒球队、网球队。

社　　团：水球社、辩论社、烹饪社、历史社、日语社、文学杂志社、电影社、图书管理社、学生会、环保社。

历届学生去向：美利坚大学、巴德学院、加州大学伯克利分校、卡尔顿学院、科罗拉多大学、威斯康星大学、特拉华大学、埃默里大学、乔治华盛顿大学、乔治城大学。

77. The Culver Academies(冠佛书院)

网　　址：www.culver.org

所 在 州：印第安纳州(Indiana)

地　　址：1300 Academy Road，Culver，IN46511 – 1291

招生范围：9—12 年级

学生人数：810 人

入学要求：学校成绩单、SSAT 成绩或其他考试成绩、教师推荐信、面试。

2019 年学费：US $52 135（外国学生寄宿部）

学校简介：这是一所建校于 1894 年的较大型私立寄宿学校。教师中有博士 8 人，其中 1 人是福布莱特学者。该校在同一块校园里分两个学校：一所是冠佛军事学校，以招收男生为主；另一所是冠佛女校。两校共同使用校内的课室及一切设备。学校秉持"一生的目标就是要尽自己所能，做最好的人"的准则来教育学生，使其在道德、精神及体能上全面发展。毕业时，99％的学生会得到至少两所以上的学校取录，在考取的大学中，名校的比例也相当大。男女校均采用全日时间表，从早到晚都严格执行时间安排。

AP 课程设置：德语和文化、化学、比较政府与政治、微积分 AB/BC、宏观经济学、统计学、微观经济学、物理 B、欧洲历史、乐理、法语和文化、拉丁语、美国政府与政治、中文和文化、世界历史、环境科学、计算机科学 AB、物理 C、英国文学、英语和文化，美国历史、西班牙语和文化。

运　动　队：棒球队、冰球队、排球队、网球队、田径队、游泳队、曲棍球队、跳水队、篮球队、高尔夫球队、水球队、垒球队、冲浪队、马术队、越野队、英式足球队。

社　　团：电脑社、模特社、学生会、演讲社、乒乓球俱乐部、法语社、中文社、化学社、圣经辅导社、羽毛球俱乐部、数学组、艺术社、历史社、射击社。

历届学生去向：哈佛大学、普林斯顿大学、耶鲁大学、麻省理工学院、斯坦福大学、宾夕法尼亚大学、加州理工大学、哥伦比亚大学、芝加哥大学、杜克大学、达特茅斯学院、约翰·霍普金斯大学、康奈尔大学、布朗大学、埃默里大学、莱斯大学、西北大学、波士顿学院。

78. La Lumiere School(拉卢米尔学校)

网　　址：www.lalumiere.org

所 在 州：印第安纳州（Indiana）

地　　址：P. O. Box 5005 6801 N. Wilhelm Road La Porte，IN46352 – 5005

招生范围：9—12 年级

学生人数：232 人

入学要求：学校成绩单、标准考试成绩、教师推荐信、面试。

2019 年学费：US $61 335（外国学生住宿部）

学校简介：这是一所建于 1963 年的天主教私立寄宿学校，办学宗旨是使每个学生在个性、学术和信心等方面共同成长，课程设置以升大学为导向。毕业生进入大学比率达

100%。该校的科学奥林匹克队已连续 7 年在州际竞赛中荣获前 10 名。

学校学生来自 8 个国家,使该校学生有机会接触其他文化,校方称许这是教育上的一项贡献。学校另外还开设英语作为第二语言课程(ESL)、大学预科班、特殊教育班等。

AP 课程设置:心理学、微积分 AB/BC、物理 1/2、美国政府与政治、统计学、环境科学、美国历史、计算机科学 A、西班牙语和文化、法语和文化、比较政府与政治、英国文学、宏观经济学、微观经济学。

运 动 队:网球队、棒球队、高尔夫球队、垒球队、田径队、篮球队、橄榄球队、足球队和排球队。

社 团:摄影社、社区服务社、舞蹈队、艺术俱乐部、户外探险社、电影社、环保团体、戏剧社、多元文化社、数学竞赛社、音乐工作室、报社。

历届学生去向:宾夕法尼亚大学、波士顿学院、密歇根大学、伊利诺伊大学、斯坦福大学、埃默里大学、西北大学、乔治城大学、乔治·华盛顿大学、印第安大学、罗斯福大学、普渡大学、迈阿密大学、爱荷华大学、威斯康辛大学。

79. Scattergood Friends School(播爱学校)

网 址:www.scattergood.org

所 在 州:爱荷华州(Iowa)

地 址:1951 Delta Avenue West Branch,IA52358

招生范围:9—12 年级

学生人数:60 人

入学要求:教师推荐信、学校成绩单、TOEFL 成绩或学校的分班考试、面试。

2019 年学费:US $36 500(外国学生寄宿部)

学校简介:这是一所奎格派教会(基督教的一个教派)下属的小型私立学校,建校于 1890 年。办学宗旨为"培养学生认识自我价值,树立世界观、道德观,不断学习,获得生活能力"。课程设计使学生能掌握各学科的知识和达到一定的职业成就。学校提供强化的艺术课程,旅行和互助工作项目来丰富学生的课外活动。学校虽小,但运动项目却不弱,足球队可以打入州际比赛。学校还给每个学生配手提电脑,作为学习工具。

AP 课程设置:美国历史、心理学、宏观经济学、化学、英语和文化、微积分 AB、生物学、美国政府与政治、微观经济学、英国文学、物理 B、统计学、西班牙语和文化。

运 动 队:英式足球队、篮球队、橄榄球队。

社 团:社区服务社、学生会、保龄球社、跑步社、舞蹈队、绘画社、健身社、食品保护社、登山社、摄影社、木艺制作社、书籍阅读社。

历届学生去向:哈佛大学、斯坦福大学、哥伦比亚大学、芝加哥大学、康奈尔大学、霍华德大学、杜兰大学、科罗拉多州立大学、威斯康辛大学、欧柏林学院、圣安德鲁斯大学、爱荷华大学、俄亥俄州立大学、明尼苏达大学、史密斯学院、里德学院、西雅图艺术学院。

80. Maur Hill-Mount Academy（茅坡大学预备学校）

网　　址：https：//www.mh-ma.com

所 在 州：堪萨斯州（Kansas）

地　　址：1000 Green Street Atchison，KS66002

招生范围：9—12 年级

学生人数：男生 200 人

入学要求：学校成绩单（平均分必须达到一定要求）、TOEFL 成绩（国际学生要求）、学校行为记录（必须无犯罪、无处分、无毒品记录）。

2019 年学费：US $33 600（国际学生寄宿部）

学校简介：这是一所天主教私立寄宿男校，建校于 1919 年。该校毕业生考进大学所获得的奖学金非常可观。课程设置以升大学为宗旨，除基础课程外，每个学生都能修 35 个学时的大学学分课程。该校的特别课程为患注意力缺失症的学生设置。注重教导学生学习策略，并为他们提供咨询，使学生能完成要求严格的基础课程。

AP 课程设置：英语语言与写作、美国历史。

运 动 队：篮球队、棒球队、足球队、橄榄球队、高尔夫球队、网球队、排球队、游泳队、田径队、摔跤队、远足队、啦啦队。

社　　团：艺术小组、唱诗班、戏剧社、数学组、摄影社、科学社、剪报社、辩论社、学生会。

历届学生去向：宾夕法尼亚大学、波士顿学院、密歇根州立大学、俄亥俄州立大学、罗切斯特理工大学、普渡大学、圣路易斯大学、迈阿密大学、密歇根大学、德州大学奥斯丁分校。

81. Thomas More Prep-Marian（汤玛士摩尔圣母学堂）

网　　址：www.tmp-m.org

所 在 州：堪萨斯州（Kansas）

地　　址：1701 Hall Hays，KS67601

招生范围：9—12 年级

学生人数：241 人

入学要求：学校成绩单、教师推荐信、TOEFL 成绩、面试。

2019 年学费：US $11 500（日间部）

学校简介：这是一所天主教私立寄宿学校,建校于 1908 年,办学已超过 110 年。课程设置以升大学为导向。主张道德指导、具挑战性的学科和课外活动相结合。学校有一句箴言是:"你给我四年,我将让你一辈子受益无穷。"住宿部每年只招收 90 个学生。课外活动项目包括运动、辩论、戏剧和音乐。学校特别设施包括学生宿舍、教堂和活动中心。学校为国际学生和英语能力有限的学生开设英语为第二语言课程(ESL)。

AP 课程设置：微积分 AB、微积分 BC、物理 B、生物学、英语、化学。

运　动　队：橄榄球队、田径队、排球队、摔跤队、篮球队、远足队、垒球队、田径队、游泳队、棒球队、足球队、高尔夫球队。

社　　　团：棋社、唱诗班、乐队、辩论社、学生会、科学小组、国际象棋俱乐部、多元文化小组、新闻社。

历届学生去向：芝加哥大学、雪城大学、宾夕法尼亚大学、加利福尼亚大学、俄亥俄州立大学、威斯康辛大学。

82. Bridgton Academy(布里奇顿书院)

网　　　址：www.bridgtonacademy.org

所　在　州：缅因州(Maine)

地　　　址：11 Academy Lane, P. O. Box 292 North Bridgton, Maine 04057

招生范围：18—20 岁

学生人数：男生 188 人

入学要求：学校成绩单、教师推荐信、SSAT 或 ACT 成绩、面试。

2019 年学费：US $56 400(国际学生寄宿部)

学校简介：这是一所专门的大学预科寄宿私校,建校于 1808 年。招收对象是完成高中学业准备进大学的学生。学校招生人数有限,是一所小型学校,而且更像大学而不像中学,学生在此只是过渡性学习。设置 12 科为大学接受的大学学分课程,培养学习技巧和 SAT 考试等项目。学生可以在这一年中,提高自己的专业知识、学习技巧、自律和自信心。这些都是帮助学生在大学期间取得成功的重要因素。从该校毕业后学生有不少能进入常春藤盟校或其他顶尖的学校。学校还开设特殊教育课。

AP 课程设置：微积分 AB/BC、环境科学、英国文学、美国历史、化学、统计学、心理学、计算机科学 A。

运　动　队：滑冰队、英式足球队、网球队、冰球队、棒球队、足球队、高尔夫球队、篮球队、曲棍球队。

社　　　团：学生会、辅导社、学生报社、户外活动组。

历届学生去向：巴德学院、波士顿学院、贝克学院、艺术学院。

83. Fryeburg Academy(费拉堡书院)

网　　址：www.fryeburgacademy.org

所 在 州：缅因州(Maine)

地　　址：174 Main Street Fryeburg，ME04037 - 1329

招生范围：9—12 年级

学生人数：578 人

入学要求：学校成绩单、两封推荐信(英语教师、辅导员)、面试。

2019 年学费：US $54 000(外国学生寄宿部)

学校简介：这是一所建校于 1792 年，拥有二百多年历史的私立寄宿学校，享有很高的声誉，最早由约翰·汉克创办。学校重视激发学生的求知欲，强化学生的自信心，帮助他们发现自己的潜力和天分，让学生不断成长。学校设立学习中心，有辅导员为学生提供额外的帮助，如补考、补习等。学校学生来自全球各地，带来不同的文化，使学生受到不同文化的熏陶，增长了见识。

AP 课程设置：物理 B、英语和文化、英国文学、欧洲历史、美国历史、统计学、西班牙语和文化、法语和文化、环境科学、化学、生物学、物理 C、乐理、微积分 AB/BC。

运 动 队：滑冰队、足球队、网球队、冰球队、高尔夫球队、越野队、曲棍球队、英式足球队、田径队、垒球队、篮球队、棒球队、山地自行车队。

社　　团：艺术俱乐部、法语社、电影制作社、学生会、戏剧社、西班牙语俱乐部、学校音乐组、乒乓球俱乐部、爵士乐队、环保社、学生报社、辅导社、摄影社、宿管部、攀岩社。

历届学生去向：加州大学圣地亚哥分校、罗切斯特大学、华盛顿大学、宾州州立大学、俄亥俄州立大学、马里兰大学、特拉华大学、佛蒙特大学、克拉克大学、科罗拉多大学、密歇根州立大学。

84. Gould Academy(古德书院)

网　　址：www.gouldacademy.org

所 在 州：缅因州(Maine)

地　　址：P. O. Box 860 Bethel，ME04217 - 0860

招生范围：9—12 年级

学生人数：240 人

入学要求：SSAT 成绩、TOEFL 成绩(外国学生)、学校成绩单、教师推荐信、面试。

2019 年学费：US $65 200(外国学生寄宿部)

学校简介：这是一所传统的大学预备私立学校，建校于 1836 年，已有近两个世纪的历史。学校授课以大学预备课程为主，也开设大学先修课及其他进修课。该校突出的项目包括国际旅行、户外教育和生命科学，使学生有机会将基本课知识与实践结合起来。学校开设 15 门以上的选修课，包括艺术、刀剑技术等。运动项目有滑雪、雪地滑板等。另外还开设英语为第二语言课程（ESL）、大学预科班和暑期班等。学校的校训是"忍耐与挑战，支持与要求，关心与期望相结合"。

AP 课程设置：物理 B、美国历史、英语和文化、物理 C、生物学、化学、比较政府与政治、统计学、微积分 AB、美国政府与政治、英国文学。

运 动 队：篮球队、网球队、垒球队、滑板队、山地自行车队、马术队、越野队、棒球队、滑冰队、高尔夫球队、英式足球队、花样滑冰队、曲棍球队。

社　　团：戏剧社、农业社、攀岩社、户外活动组。

历届学生去向：亚特兰大学院、波士顿学院、巴德学院、波士顿大学、布朗大学、加州大学洛杉矶分校、芝加哥大学、纽约大学、科罗拉多大学、达特茅斯学院、丹佛大学、埃默里大学、佛罗里达大学、乔治华盛顿大学。

85. Hebron Academy（赫布伦学院）

网　　址：www.hebronacademy.org

所 在 州：缅因州（Maine）

地　　址：P. O. Box 309 Hebron，ME04238

招生范围：9—12 年级

学生人数：256 人

入学要求：学校成绩单、教师推荐信、面试。

2019 年学费：US $61 100（外国学生寄宿部）

学校简介：这是一所中等规模、男女合校的私立大学预备中学，建校于 1804 年，具有悠久的历史。该校开设具有挑战性的基本学科、户外教育、道德教育等课程，培养学生向多方面发展。学校旨在培养资优的学者、天才的运动员、有创意的艺术家、户外活动的热爱者及坚强的个人。艺术项目有戏剧、绘画、雕刻等，艺术团体有合唱团、管弦乐队、文工团。学校另外还开设英语为第二语言课程（ESL）和大学预科班。

AP 课程设置：生物学、微积分 AB/BC、物理 B、化学、绘画、美国历史、艺术史、中文与文化、比较政府与政治、计算机科学 A、英语和文化、环境科学、欧洲历史、法语和文化、德语和文化、人类地理学、日语和文化、拉丁语、宏观经济学、微观经济学、乐理、物理 1、心理学、西班牙语和文化、统计学、二维设计、三维设计、美国政府与世界历史。

运 动 队：足球队、高尔夫球队、垒球队、田径队、网球队、曲棍球队、越野队、棒球队、篮球队、山地自行车队。

社　　团：心理社、电影社、学生会、爵士乐队、环保社、企业家项目、年刊。

历届学生去向：加利福尼亚大学、俄亥俄州州立大学、宾州州立大学、圣迈克尔学院、圣弗兰西斯沙维尔大学、麻省理工学院、普瑞特艺术学院、普渡大学、罗格斯大学。

86. Hyde School（海德中学）

网　　址：www.hyde.edu/admissions/campus/bath-maine-campus

所 在 州：缅因州（Maine）

地　　址：616 High Street Bath，ME04530

招生范围：9—12年级

学生人数：150人

入学要求：学校成绩单、教师推荐信、面试。

2019年学费：US $58 000（国际学生寄宿部）

学校简介：该学校有两个校园，于1966年建校。缅因州校区主要招收从9年级到大学预科班的学生，以寄宿为主。而康州的木仓（Wooddstock）校区则招生范围更广，除高中部9—12年级外，更扩大招生至7、8年级。两所校区都是大学预备学校，办学宗旨是"个人特质、成功与自尊共同发展"。个人特质的发展包括勇气、求知欲、领导才能和整体能力。课程设置以升大学必要的基本课程为主，各科设有荣誉课程，同时也鼓励学生参加课外活动。该校最大的特色在于家长对学校教育的参与。它的家庭学习中心在全国都有影响。学校设有各种运动队和表演艺术队。另外还开设大学预科班和暑期班。

AP课程设置：微积分BC、美国历史、人类地理学、环境科学、统计学、物理B、英语和文化。

运 动 队：曲棍球队、田径队、网球队、英式足球队、越野队、篮球队、游泳队。

社　　团：戏剧社、模特社、公共演讲社、划船社、食品社。

历届学生去向：康奈尔大学、埃默里大学、南加州大学、布兰代斯大学、纽约大学、波士顿学院、里海大学、加州大学圣地亚哥分校、华盛顿大学、宾州州立大学、迈阿密大学、乔治华盛顿大学、雪城大学、科罗拉多大学、丹佛大学。

87. Kents Hill School（坎兹坡学校）

网　　址：www.kentshill.org

所 在 州：缅因州（Maine）

地　　址：P. O. Box 257，1614 Main Street，Kents Hill，Maine 04349

招生范围：9—12 年级

学生人数：250 人

入学要求：SSAT 成绩或 TOEFL 成绩、学校成绩单、教师推荐信、面试。

2019 年学费：US $61 950（外国学生寄宿部）

学校简介：这是一所大学预备私立寄宿高中，建校于 1824 年，已有近 200 年历史。学校的办学宗旨是培养学生的领导才能和坚韧不拔的毅力，其特点是学科课程完整，小班教学，每班学生只有 5—15 人，学生与教师比例是 6∶1，师资充足。学生每两周要完成一个学习报告和一个写作测验。学科课程包括升大学基础课、大学先修课（AP）。学校的周围环境提供了户外探索和户外教育的机会。学校专设了帮助学习方法异常的学生尽快融入主流学习的课程。特别课程还包括 ESL、大学预科班课程及为注意力缺失和学习有障碍学生专设的特殊教育项目。

AP 课程设置：生物学、美国历史、统计学、西班牙语和文化、物理 B、环境科学、英语和文化、微积分 AB、英国文学、欧洲历史。

运 动 队：棒球队、英式足球队、山地自行车队、网球队、冰球队、越野队、滑冰队、马术队、高尔夫球队、滑板队、垒球队。

社　　团：戏剧社、摇滚乐队、学生会、年刊、模特社、学生报社、环保社、爵士乐队、宿管部、辅导社、广外活动组、文学杂志社。

历届学生去向：美利坚大学、波士顿大学、布朗大学、卡耐基梅隆大学、克拉克大学、科尔盖特大学、普渡大学、史密斯学院、雪城大学、美国海军学院、伊利诺伊大学。

88. Maine Central Institute（缅因中部书院）

网　　址：www.mci-school.org

所 在 州：缅因州（Maine）

地　　址：295 Main Street，Pittsfield，ME04967

招生范围：9—12 年级

学生人数：450 人

入学要求：学校成绩单、教师推荐信。

2019 年学费：US $44 000（外国学生寄宿部）

学校简介：这是一所规模较大的私立寄宿学校，建校于 1866 年。该校开设大学先修课（AP），且各科设有荣誉课程、工业技术课，英语为第二语言的课程（ESL）和学生学习中心都在全国享有盛誉。学生在只有 15 人一班的教室中享受学习乐趣，教师可进行一对一的辅导。该校还将传统的芭蕾舞纳入课程计划，是少数拥有芭蕾舞剧场的学校，培养了不少世界级的艺术家。

AP课程设置：美国历史、艺术史、美国政府与政治、物理C、机械学、电学和磁学、微积分 AB/BC、生物学、化学、英国文学、环境科学。

运 动 队：高尔夫球队、网球队、英式足球队、篮球队、越野队、田径队、垒球队。

社 团：芭蕾舞社、艺术俱乐部、戏剧社、法语社、国际象棋俱乐部、爵士乐团、创意写作社、环保社、魔术社。

历届学生去向：布兰代斯大学、布朗大学、波士顿大学、康奈尔大学、迈阿密大学、华盛顿大学、佛蒙特大学、德州大学奥斯丁分校、匹兹堡大学、乔治城大学、哈佛大学、缅因大学、爱荷华大学、伊利诺伊大学、罗切斯特理工大学、宾州州立大学、纽约大学。

89. Garrison Forest School(嘉理逊学校)

网 址：www.gfs.org

所 在 州：马里兰州(Maryland)

地 址：300 Garrison Forest Road Owings Mills，MD21117

招生范围：寄宿部：8—12年级

学生人数：女生281人

入学要求：ISEE、SSAT、SLEP或TOEFL成绩,学校成绩单,教师推荐信,面试。

2019年学费：US $63 630(外国学生寄宿部)

学校简介：这是一所私立女子寄宿学校,建校于1910年,从八年级开始招生。学校培养学生的宗旨是使学生具有求知、自信、领导才能和服务人类的抱负。课程有强化的大学预备课、大学先修课(AP),各科设有荣誉课程及范围很广的选修课。学校距离巴尔的摩和首都华盛顿不远,所以有更多接受美国主流文化和其他文化的机会。

AP课程设置：艺术史、西班牙语和文化、英国文学、拉丁语、美国历史、法语和文化、心理学、化学、环境科学、微积分 AB/BC、生物学。

运 动 队：羽毛球队、篮球队、网球队、垒球队、水球队、曲棍球队、马术队、英式足球队、越野队、高尔夫球队。

社 团：电影社、烹饪社、拉丁语社、西班牙语社、学生报社、模特社。

历届学生去向：耶鲁大学、麻省理工学院、宾夕法尼亚大学、哥伦比亚大学、芝加哥大学、杜克大学、华盛顿大学、约翰·霍普金斯大学、康奈尔大学、范德比尔特大学、卡耐基梅隆大学、乔治城大学、南加州大学、密歇根大学、布兰代斯大学、纽约大学、威廉和玛丽学院、罗切斯特大学、威斯康辛大学、迈阿密大学。

90. Georgetown Preparatory School（乔治城大学预备学校）

网　　　址：www.gprep.org

所 在 州：马里兰州（Maryland）

地　　　址：10900 Rockville Pike Bethesda，MD20852－3299

招生范围：9—12 年级

学生人数：男生 490 人

入学要求：SSAT 或 TOEFL 成绩、学校成绩单、教师推荐信、面试。

2019 年学费：US $62 090（外国学生寄宿部）

学校简介：这是一所建校于 1789 年的私立寄宿男校，有超过 200 年的历史。该校以文科教学为主，有 14 个大学先修课（AP），各科设有荣誉课程。学生毕业后可进入理想大学深造。学校的艺术及体育项目均在全国享有知名度。每班学生人数为 17 人。重要设施包括一个 500 个座位的戏院、科学实验室、国际互联网、高尔夫球场和室内游泳池。

AP 课程设置：计算机科学 A、计算机科学 AB、世界历史、英语和文化、英国文学、二维设计、三维设计、乐理、统计学、宏观经济学、微观经济学、法语和文化、欧洲历史、德语和文化、拉丁语、拉丁文学、生物学、物理 B。

运 动 队：越野队、篮球队、冰球队、游泳队、田径队、足球队、网球队、曲棍球队、高尔夫球队、棒球队、英式足球队。

社　　　团：摄影社、学生会、年刊、学生报社、辩论社、电脑社、国际象棋俱乐部、模特社、音乐社、戏剧社、滑冰社。

历届学生去向：斯坦福大学、宾夕法尼亚大学、芝加哥大学、杜克大学、达特茅斯学院、华盛顿大学、约翰·霍普金斯大学、康奈尔大学、布朗大学、莱斯大学、乔治城大学、弗吉尼亚大学、南加州大学、密歇根大学、北卡罗来纳大学、威廉和玛丽学院、纽约大学、波士顿大学。

91. Oldfields School（老田学校）

网　　　址：www.oldfieldsschool.com

所 在 州：马里兰州（Maryland）

地　　　址：P. O. Box 697 1500 Glencoe Road Glencoe，MD21152

招生范围：8—12 年级

学生人数：女生 180 人

入学要求：ISEE、SSAT 成绩，学校成绩单，教师推荐信，面试。

2019 年学费： US $59 700（外国学生寄宿部）

学校简介： 这是一所建校于 1867 年的大学预备私立女校。学生来自 29 个州和 8 个其他国家，80％的学生寄宿。学校致力于营造良好氛围使学生学会自律、自尊的价值观。家庭式的学习环境使学生易于建立自我价值观和家庭成员责任感。学校会为学生开设适合个人需要的个性化课程，并开设大学预备课程和 7 门大学先修课。每年还安排学生到校外旅行。

AP 课程设置： 生物学、微积分 AB/BC、法国语言和文化、西班牙语、西班牙文学。

运 动 队： 羽毛球队、篮球队、足球队、曲棍球队、排球队、网球队、垒球队、田径队、越野队、马术队。

社　　团： 阅读社、艺术俱乐部、亚洲文化俱乐部、戏剧社、学生会、志愿者社团、模特社、环境科学社。

历届学生去向： 宾夕法尼亚大学、纽约大学、华盛顿大学、布朗大学、迈阿密大学、艾德非大学、俄亥俄卫斯理大学、贝瑞大学、加州大学、伊利诺伊大学、布兰代斯大学、亚利桑那州立大学。

92. Saint James School（圣詹姆士学校）

网　　址： www.stjames.edu

所 在 州： 马里兰州（Maryland）

地　　址： 17641 College Road，Hagerstown，MD21781

招生范围： 8—12 年级

学生人数： 210 人

入学要求： PSAT 成绩、SAT 成绩、SSA 成绩、学校成绩单、教师推荐信、面试。

2019 年学费： US $49 500（国际学生寄宿部）

学校简介： 这是一所建于 1842 年的古老的私立寄宿学校，秉承著名的哈佛学者珈德纳的教学理论。珈德纳理论把人的智能分为语言、音乐、逻辑、数学、空间、体能运动、个人内在和交际等七个区域，并认为旧有的教育只启动了语言和数学两个区域，新的教学应注重于学生智慧的全面发展，所以该校的办学宗旨是要学生得到全面发展，使学生能够在学业、体育和个性发展上都有杰出的成绩。学校维持小规模招生是为了保持高标准教学。该校设有大学先修课，且各科设有荣誉课程。

AP 课程设置： 生物学、微积分 AB/BC、欧洲历史、法国语言和文化、西班牙语和文化、化学、拉丁语、乐理、物理 C、美国历史、世界历史、英国语言和文化。

运 动 队： 棒球队、篮球队、曲棍球队、足球队、网球队、排球队、高尔夫球、越野队、垒球队。

社　　团：合唱社、戏剧社、拉丁文化社、剑术社、历史社、冰球社。

历届学生去向：哥伦比亚大学、西北大学、华盛顿大学、约翰·霍普金斯大学、康奈尔大学、埃默里大学、卡耐基梅隆大学、南加州大学、纽约大学、波士顿学院。

93. St. Timothy's School(圣提摩西学校)

网　　址：http：//www.stt.org

所 在 地：马里兰州(Maryland)

地　　址：8400 Greenspring Avenue Stevenson，MD21153

招生范围：9—12 年级

学生人数：女生 195 人

入学要求：ISEE、SSAT 或 TOEFL 成绩,学校成绩单,教师推荐信,面试。

2019 年学费：US $58 300(国际学生寄宿部)

学校简介：这是一所小型的女子寄宿学校,建校于 1882 年,有 130 多年历史,属当地教区的教会学校,招收对自己有高标准、成绩纪录优良及有领导才干的学生。学校课程设置以升大学为导向,基础课程包括大学预备课程、9 门大学先修课程和荣誉课程。学校坚持创办者卡特姐妹的办学宗旨,致力于为青少年学习创造严谨的教育环境,使其知识能力无限延伸;同时培养学生的自信心和领导才能。学校配给每个学生一个学习顾问,随时检查她们的学业进展情况。学校同时开设戏剧、艺术、音乐、立体艺术课和全项目体育课。学校的重要设施包括一个有 22 000 册藏书的图书馆、马术中心和一个 350 个座位的戏院。计算机中心的国际互联网与每间宿舍和每座教学楼联网。学生来自美国 17 个州及其他国家。

AP 课程设置：英语、中文、西班牙语、法语、拉丁文化、实验科学、统计学、艺术。

运 动 队：羽毛球队、篮球队、马术队、高尔夫球队、英式足球队、排球队、冰球队、曲棍球队、垒球队、网球队、游泳队。

社　　团：艺术社、书籍阅读社、环保社、合唱团、年刊、健身社、国际俱乐部。

历届学生去向：麻省理工学院、波士顿大学、纽约大学、俄亥俄州立大学、耶和华大学、特拉华大学、匹兹堡大学、东北大学、康涅狄格大学、杨百翰大学、南卫理工大学。

94. Sandy Spring Friends School(沙泉之友学校)

网　　址：www.ssfs.org

所 在 地：马里兰州(Maryland)

地　　址：169223 Norwood Road Sandy Spring，MD20860

招生范围：9—12 年级

学生人数：530 人

入学要求：TOEFL 成绩单或英语考试成绩、学校成绩单、面试。

2019 年学费：US $61 250（国际学生寄宿部）

学校简介：该校建于 1961 年。招收九至十二年级的学生，国际学生必须在 18 岁以下。学校的办学宗旨是培养学生的个人和社会责任感。课程设置以升大学为导向，包括 50 门基础课程和艺术、体能课程。学校还组织多项假期活动，包括去意大利、英国、处女岛和美国境内很多地方旅游，使学生学到更多的新知识。

AP 课程设置：微积分 AB、环境科学、乐理、西班牙语言和文化、统计学、化学、英国语言和作文、英国文学、法国语言和文化、物理 B、美国政府与政治、美国历史。

运 动 队：棒球队、篮球队、曲棍球队、足球队、网球队、高尔夫球队、越野队、垒球队、排球队。

社　　团：学术辩论俱乐部、美国手语俱乐部、羽毛球俱乐部、黑人俱乐部、舞蹈俱乐部、攀岩俱乐部。

历届学生去向：哈佛大学、波士顿大学、波士顿学院、哥伦比亚大学、杜克大学、纽约大学、纽约州立大学石溪分校、史密斯学院、芝加哥大学。

95. West Nottingham Academy（西诺丁汉书院）

网　　址：www.wna.org

所 在 地：马里兰州（Maryland）

地　　址：1079 Firetower Road. Colora，MD21917 - 1599

招生范围：日间部：6—12 年级

　　　　　寄宿部：9—12 年级

学生人数：130 人

入学要求：TOEFL 成绩、学校成绩单、教师推荐信、面试。

2019 年学费：US $59 500（外国学生寄宿部）

学校简介：该校建于 1744 年，具有悠久的历史。学校的办学宗旨是培养学生对个人、社会的责任感。该校 270 多年来为大学和社会培养了不少优秀人才。

AP 课程设置：生物学、微积分 AB、欧洲历史、法国语言和文化、西班牙语和文化、世界历史、物理 B。

运 动 队：越野队、篮球队、足球队、排球队、滑冰队、曲棍球队。

社　　团：戏剧社、合唱社、音乐社、年刊、自行车队、登山队。

历届学生去向：哈佛大学、印第安纳大学、波士顿大学、波士顿学院、迈阿密大学、宾州州立大学、乔治华盛顿大学、普渡大学。

96. The Bement School(贝曼特学校)

网　　址：www.bement.org

所 在 地：马萨诸塞州(Massachusetts)

地　　址：94 Old Main Street，P. O. BOX8 Deerfild，MA01342

招生范围：幼儿园—9 年级

学生人数：218 人

入学要求：TOEFL 成绩、韦斯利儿童智力测验成绩、教师推荐信、面试。

2019 年学费：US $62 710(外国学生寄宿部)

学校简介：这是一所私立寄宿中学，建校于 1940 年。招收 9—15 岁的学生，开设由幼儿园至 9 年级的课程。日间课由幼儿园至 9 年级组成。学生与教师比例是 5∶1；采用小班教学，每班学生人数为 12 人。每间宿舍都专设代父母打理学生日常起居及辅导功课的宿舍督导教师。课程设置丰富，适当有挑战性的学科知识能激发学生的学习兴趣，各科设有荣誉课程。学校的美术项目享有盛誉，运动项目也具有特色。高年级学生还有机会参加和法国的莱米德珠学校的文化交流项目。

运 动 队：越野队、篮球队、足球队、排球队、滑冰队、曲棍球队、滑板队、垒球队、游泳队。

社　　团：国际象棋社、合唱社、杂志社、学校乐队。

历届学生去向：布莱尔学院、迪尔菲尔德学院、菲利普斯埃克塞特学院、弥尔顿学院、圣保罗学校、韦伯学校。

97. Berkshire School(伯克谢学校)

网　　址：www.berkshireschool.org

所 在 州：马萨诸塞州(Massachusetts)

地　　址：245 North Undermountain Road Sheffield，MA01257

招生范围：9—12 年级

学生人数：384 人

入学要求：SSAT 成绩、TOEFL 成绩、学校成绩单、教师推荐信、面试。

2019 年学费：US $64 200(外国学生寄宿部)

学校简介：这是一所建校于 1907 年的大学预备私立高中，办学目标是培养学生进入美国顶尖大学。该校课程设置严谨，除升大学的基础课程以外，还开设了大学先修课。学校采用小班教学,每班学生不超过 10 人,师资优良。学校领导才能培训和个性发展项目注重指导学生的个人成长和对社会的贡献,所以,领导才能培训成为该校学生课余的重要部分,该培训项目强调自律与团体合作精神。

AP 课程设置:生物学、微积分 AB/BC、环境科学、欧洲历史、法国语言和文化、西班牙语言和文化、二维设计、三维设计、绘画、化学、英国语言和作文、英国文学、统计学、美国历史、美国政府与政治、物理 C。

运 动 队:滑冰队、攀岩队、越野队、垒球队、足球队、高尔夫球队、山地自行车队、田径队、马术队、网球队、曲棍球队。

社　　团:国际象棋社、法语社、学生会、学生新闻报社、钓鱼社、戏剧社、护理社、心理学社、演讲社。

历届学生去向:宾夕法尼亚大学、哥伦比亚大学、杜克大学、华盛顿大学、康奈尔大学、布朗大学、埃默里大学、加州大学洛杉矶分校、弗吉尼亚大学、密歇根大学、威克森林大学、纽约大学、罗切斯特大学、伊利诺伊大学。

98. Brooks School(溪流学校)

网　　址: www.brooksschool.org

所 在 州: 马萨诸塞州(Massachusetts)

地　　址: 1160 Great Pond Road North Andover，MA01845-1298

招生范围: 9—12 年级

学生人数: 380 人

入学要求: SSAT 成绩、国际学生要有 TOEFL 成绩、学校成绩单、教师推荐信、面试。

2019 年学费: US $63 200(外国学生寄宿部)

学校简介:这是一所大学预备寄宿学校,建校于 1926 年,由格罗顿为纪念菲利普·布鲁克而在其住宅附近创建。其办学宗旨是教导学生全面思考,使学生智商、体育和德育全面发展。学校致力于寻求高学业水平、忍耐力和理解能力的学生,所以该校注重招收具有强烈助学金欲望、积极上进、且愿意与老师合作的学生。师生密切合作有利于学生课内学业的完成及课外活动中的成长。校方应注意营造严格但以鼓励支持为主的家庭式学习环境。学校与苏格兰、匈牙利、南非和肯尼亚之间有交换项目,学校也招收多民族学生,非白人学生占 17%,其中 12% 是来自其他国家的留学生。

AP 课程设置:艺术史、生物学、环境科学、西班牙文学、世界历史、微积分 BC、化学、法语和文化、西班牙语和文化、美国政府与政治、美国历史、微积分 AB、中文与文化、英国文学、拉丁语、物理 C。

运 动 队:垒球队、篮球队、越野队、冰球队、网球队、棒球队、高尔夫球队、足球队。

社　　团：艺术俱乐部、舞蹈社、杂志社、爵士乐队、模特社、学生会、学生报社、合唱队、工程社、辅导社。

历届学生去向：哈佛大学、杜克大学、布朗大学、埃默里大学、纽约大学、威廉和玛丽学院、波士顿学院、里海大学、加州大学圣地亚哥分校、波士顿大学、丹佛大学。

99. Buxton School(伯克斯顿学校)

网　　址：www.buxtonschool.org

所 在 地：马萨诸塞州(Massachusetts)

地　　址：P. O. Box 646 291 South Street Williamstown，MA01267

招生范围：9—12 年级

学生人数：90 人

入学要求：学校成绩单、两封推荐信(由最了解申请人的人推荐)、英语能力考试成绩、面试。

2019 年学费：US $57 000(国际学生寄宿部)

学校简介：这是一所规模较小的私立寄宿中学,建校于 1928 年。学校非常注重学生的道德教育。课程设置完善,除大学预备基础课外,还包括艺术、舞蹈、戏剧、音乐等课程。学校师资充足,学生与教师比例为 5∶1,学生可得到足够的照顾和指导。学校还与克拉克艺术学院和威廉斯大学有密切关系,学生可以充分利用两校的教学资源。学生可经常参加学校安排的工作项目及学校每年安排到各大城市的学习旅行,以提升学生的挑战性和创造性。学校特别为外国学生开设英语为第二语言课程(ESL)。学校的咨询文件也使用包括中文在内的多种语言。

AP 课程设置：生物学、微积分 AB/BC、物理 B。

运 动 队：篮球队、英式足球队、田径队。

社　　团：骑车社、音乐社、舞蹈队、戏剧社、摄影社、滑板社、滑冰社、录音社。

历届学生去向：哥伦比亚大学、印第安纳大学、罗斯福大学、史密斯学院、威廉学院、布鲁克林学院。

100. The Cambridge School Weston(韦斯顿剑桥学校)

网　　址：www.csw.org

所 在 州：马萨诸塞州(Massachusetts)

地　　址：45 Georgian Road Weston，MA2493

招生范围：9—12 年级

学生人数：335 人

入学要求：SSAT、ISEE 成绩单或 TOEFL 成绩，学校成绩单，教师推荐信，面试。

2019 年学费：US $63 000（外国学生寄宿部）

学校简介：这是一所具有悠久历史的私立学校，建校于 1886 年美国南北战争之后。韦斯顿剑桥学校是大学预备学校，课程设置具有挑战性。该校独特的"登月舱"计划使学生在某段时间内集中精力深入学习 2—3 门课，从而能够深入对课程知识的掌握。在此计划中，学生每天有三门 90 分钟的强化课程。学校鼓励学生激发学习热情，注重学生的个人成长及互动，不主张学生之间相互竞争。学校采用小班教学，每班学生人数为 8—14人。该校开设的课程多于 200 门，专业学科与艺术、舞蹈、戏剧、音乐、体育运动和校外活动相结合，实行跨学科教学，使知识能融会贯通。学校的毕业生都具有独立思想、创造性和社区服务精神。

AP 课程设置：微积分 AB/BC。

运 动 队：棒球队、篮球队、田径队、越野队、英式足球队、网球队。

社 团：爵士社、高尔夫球社、摄影社、摇滚乐队、模特社、舞蹈队、心理学社、瑜伽社。

历届学生去向：哈佛大学、耶鲁大学、加州理工学院、宾夕法尼亚大学、哥伦比亚大学、芝加哥大学、西北大学、华盛顿大学、康奈尔大学、卡耐基梅隆大学、波士顿学院、伊利诺伊大学、波士顿大学。

101. Chapel Hill-Chauncy Hall School（教堂山学校）

网 址：www.chapelhill-chauncyhall.org

所 在 地：马萨诸塞州（Massachusetts）

地 址：785 Beaver Street Waltham，MA02452

招生范围：9—12 年级

学生人数：165 人

入学要求：学校成绩单、教师推荐信、面试。

2019 年学费：US $59 000（外国学生寄宿部）

学校简介：该校建校于 1828 年，招收各种类型的学生，无族裔、文化背景及学习能力的限制。学生来自美国 7 个州和 13 个不同的国家。学校的师资充足，学生和教师比例是5∶1。每班学生人数为 8—14 人。该校设有学习中心，英语为第二语言项目（ESL）。每个星期的学生顾问会谈、每周一次的学业进步纪录能帮助学习有障碍的学生，使其能尽快掌握主流课程的学习技巧。

AP 课程设置：英国文学、艺术工作坊。

运 动 队：羽毛球队、棒球队、越野球队、曲棍球队、英式足球队、高尔夫球队、攀岩队、排球队、垒球队。

社　　团：戏剧社、学生会、学生报社。

历届学生去向：迈阿密大学、印第安大学、密西根大学、波士顿大学、佛蒙特大学、强生威尔士大学、罗切斯特理工学院、克拉克大学、菲斯大学、圣约翰大学。

102. Concord Academy（康柯德学院）

网　　址：www.concordacademy.org

所 在 地：马萨诸塞州（Massachusetts）

地　　址：166 Main Street Concord，MA01742

招生范围：9—12 年级

学生人数：378 人

入学要求：SSAT 或 TOEFL 成绩、成绩单、教师推荐信、面试。

2019 年学费：US $62 975（外国学生寄宿部）

学校简介：这是一所规模不大的大学预备私立寄宿学校，建校于 1922 年。学校并没有一个特定的教学理论作为办学宗旨，而是吸取各名牌学校的经验，采用有效的教学方法和项目。该校学生在高素质教师的教导下，逐步具备创造性、勇于探索和热情参与的特质。学校对学科的要求很严格。学校既从大处着眼使全校学生都能全面发展，义从细微处着手给予寄宿生充分的关心和照顾。

AP 课程设置：生物学、微积分 AB/BC、化学、中文与文化、计算机科学 A、英国语言和作文、英国文学和作文、法国语言和文化、德国语言和文化、宏观经济学、微观经济学、乐理、物理 B、物理 C、心理学、西班牙语言和文化、统计学、美国历史。

运 动 队：滑冰队、棒球队、越野队、篮球队、曲棍球队、英式足球队、网球队、垒球队、高尔夫球队、排球队、帆船队。

社　　团：辩论队、法语社、投资社、德国社、拉丁社、亚洲学生联盟、环境科学社、电影社、模特社、电台社、学生会。

历届学生去向：哈佛大学、普林斯顿大学、耶鲁大学、加州理工大学、麻省理工学院、斯坦福大学、宾夕法尼亚大学、哥伦比亚大学、芝加哥大学、杜克大学、达特茅斯学院、西北大学、华盛顿大学、约翰·霍普金斯大学、康奈尔大学、布朗大学、南加州大学。

103. Cushing Academy（吉顺书院）

网　　址：www.cushing.org

所 在 地：马萨诸塞州（Massachusetts）

地　　址：P. O. Box 8000 39 School Street Ashburnham，MA01430

招生范围：9—12 年级

学生人数：400 人

入学要求：SSAT 或 TOEFL 成绩、成绩单、教师推荐信、面试。

2019 年学费：US $63 700(外国学生寄宿部)

学校简介：这是一所中等规模的大学预备中学,建校于 1865 年。该校的课程设置是以升大学为导向,共开设 150 门课程,包括每学科的先修课和荣誉课程。课程安排则以学生的需要为优先。在教授学科知识的同时,也教授学习的技巧。学校的师生比例是 8∶1,有足够的机会实现师生互动。学校的重要设施包括艾美莉费雪兰道视觉艺术中心(里面空间宽敞,设备优良)、一座图书馆和一座全年可使用的滑冰场。课外活动队享有较高的声誉,训练项目包括滑雪、长曲棍球、银雕、计算机绘画与舞蹈等。

AP 课程设置：生物学、微积分 AB/BC、拉丁语、拉丁文学、乐理、物理 B、西班牙语言和文化、统计学、计算机科学 A、欧洲历史、宏观经济学、微观经济学、物理 C。

运　动　队：滑冰队、棒球队、越野队、足球队、滑板队、垒球队、田径队、排球队、英式足球队、网球队、曲棍球队、高尔夫球队、篮球队。

社　　团：舞蹈队、模特社、道德社、文学社、学生会、戏剧社、文学杂志社、年刊。

历届学生去向：哥伦比亚大学、西北大学、华盛顿大学、约翰·霍普金斯大学、康奈尔大学、埃默里大学、莱斯大学、卡耐基梅隆大学、乔治城大学、南加州大学、密歇根大学、纽约大学、波士顿学院。

104. Dana Hall School(丹娜名人学校)

网　　址：www.danahall.org

所 在 地：马萨诸塞州(Massachusetts)

地　　址：45 Dana Road Wellesley，MA02482 - 7043

招生范围：日间部：6—12 年级

　　　　　寄宿部：9—12 年级

学生人数：466 人

入学要求：SSAT、ISEE 成绩,原学校成绩单,教师推荐信,面试。

2019 年学费：US $61 500(外国学生寄宿部)

学校简介：建于 1881 年,具有悠久历史的私立女校,专门为美国著名的韦斯利学院输送人才。世界上很多有名的女性都毕业于韦斯利学院,如美国前总统克林顿的夫人希拉里、宋美龄姐妹等,丹娜学校相当于韦斯利附属学校。学校与奥地利、法国、西班牙都有交换项目。重要设施包括骑术训练场、音乐馆、雪地棒球设施、丹娜名人图书馆及新建的拉森室内跑马场。

AP 课程设置：欧洲历史、物理 C、法语和文学、西班牙语和文学、西班牙文学、统计学、化学、计算机科学 A、微积分 AB/BC、生物学、艺术史、英语和文学、英国文学、拉丁语。

运 动 队：篮球队、越野队、马术队、冰球队、英式足球队、网球队、高尔夫球队、曲棍球队、垒球队、游泳队、排球队。

社 团：烹饪社、桥牌社、绿色环保社、舞蹈社、自行车社、学生会、攀岩社、瑜伽社。

历届学生去向：哈佛大学、普林斯顿大学、耶鲁大学、斯坦福大学、宾夕法尼亚大学、哥伦比亚大学、杜克大学、达特茅斯学院、西北大学、华盛顿大学、约翰·霍普金斯大学、康奈尔大学、布朗大学、埃默里大学、范德比尔特大学、卡耐基梅隆大学、乔治城大学。

105. Deerfield Academy(鹿田书院)

网 址：www.deerfield.edu

所 在 州：马萨诸塞州(Massachusetts)

地 址：P. O. BOX87，Deerfield，MA01342

招生范围：9—12 年级

学生人数：636 人

入学要求：SSAT 成绩或 SAT 需达到大学入学学术考试水平、教师推荐信、面试。

2019 年学费：US $59 350(外国学生寄宿部)

学校简介：该校始建于 1797 年，已有二百多年历史，是七大名校之一。该校一直以来以其高标准和内聚力强而闻名。学校课程设置中含有大学先修课及各门课的荣誉课程。学校还有很多与其他学校合办的学术交流项目，交流学校包括美国国内其他学校以及英国、法国、西班牙、瑞士和中国等国家的学校。1/3 的学生得到学校每年 380 万美元的经济资助，资助奖金根据学生的成绩、领导才能、不同的背景及为学校作贡献的意愿而决定。

AP 课程设置：艺术史、生物学、微积分 AB/BC、环境科学、乐理、统计学、物理 B、物理 C、艺术工作坊、化学、计算机科学 A、美国历史。

运 动 队：滑冰队、越野队、棒球队、跳水队、英式足球队、网球队、排球队、高尔夫球队、垒球队、曲棍球队、游泳队、水球队、田径队。

社 团：芭蕾舞社、国际象棋社、电脑社、中文社、音乐社、环境行动组、数学组、学生会。

历届学生去向：哈佛大学、普林斯顿大学、耶鲁大学、麻省理工学院、斯坦福大学、宾夕法尼亚大学、哥伦比亚大学、芝加哥大学、杜克大学、达特茅斯学院、西北大学、华盛顿大学、康奈尔大学、布朗大学、范德比尔特大学、乔治城大学、北卡罗来纳大学。

106. Eaglebrook School(鹰溪学校)

网　　址：www.eaglebrook.org

所 在 州：马萨诸塞州(Massachusetts)

地　　址：271 Pine Nook Road, P. O. BOX7 Deerfield, MA01342

招生范围：6—12 年级

学生人数：男生 254 人

入学要求：韦斯利儿童智力测验 111(Wisc111)、学校成绩单、面试。

2019 年学费：US $69 100(外国学生寄宿部)

学校简介：这是一所建于 1922 年的私立男校,办学宗旨是探索、研究和成长。学生在此能得到教师热情的关心,教师事必躬亲,照顾、有效指导并多标准要求学生。65 位教师全部住校,使课堂教学及课外指导都更有效率。各科设有荣誉课程。学校的运动队训练的重点放在滑雪和冰球项目上,培养学生的个人能力及团体精神,也拥有现代化设备。该校学生来自 30 个州及 18 个国家,特别课程有英语为第二语言课程(ESL)。自 1996 年开办第一个寄宿的暑期学校以来,学校一直开设暑期班,招收 11—13 岁的学生。

运 动 队：垒球队、跳水队、攀岩队、花样滑冰队、冰球队、英式足球队、田径队、水球队、篮球队、越野队、足球队、高尔夫球队、曲棍球队、滑板队、网球队。

社　　团：爵士乐队、文学杂志社、攀岩俱乐部、学生会。

历届学生去向：贝勒学院、伯克希尔大学、布莱尔学院、布鲁克斯大学、劳伦斯学院、米德尔塞克斯大学、米尔布鲁克大学、弥尔顿学院、菲利普斯安多佛学院、菲利普斯埃克塞特学院、塔夫脱大学、佛蒙特州学院。

107. Fay School(小仙子学校)

网　　址：www.fayschool.org

所 在 州：马萨诸塞州(Massachusetts)

地　　址：48 Main Street Southborough, MA01772

招生范围：寄宿部:7—9 年级

学生人数：475 人

入学要求：韦斯利儿童智力测验 111(Wisc111)、面试。

2019 年学费：US $74 470(外国学生寄宿部)

学校简介：这是一所有将近一个半世纪历史的私立学校,建校于 1866 年。学校致力于培养学生的自我认识和自信心。学校招收各种背景、不同能力的学生,向他们提供良好的教育。学校既鼓励学生努力用功,也重视成绩表现。课程设置考虑社会生活的各方面需要。所提供的课程共有 75 门专业课,其中包括艺术和音乐,各科有荣誉课程。该校一共有 25 种不同项目的运动队。学校的重要设施有新的音乐中心、礼堂和体育馆,另外数学科学中心还在兴建中。各门课程都使用计算机,全校装设了计算机网络。

运 动 队:垒球队、越野队、足球队、曲棍球队、棒球队、田径队、篮球队、冰球队、网球队、排球队、马术队。

社　　团:辩论队、瑜伽社、舞蹈队、数学组、健身社、年刊、爵士乐队、合唱团、游泳社。

历届学生去向:布鲁克斯大学、库欣学院、迪尔菲尔德学院、肯特学院、劳伦斯学院、米德尔塞克斯大学、弥尔顿学院、圣保罗学院、索尔兹伯里学院。

108. The Fessenden School(菲森顿学校)

网　　址:www.fessenden.org

所 在 州:马萨诸塞州(Massachusetts)

地　　址:250 Waltham Streel West Newton,MA02465

招生范围:日间部:幼儿园—9 年级

　　　　　寄宿部:5—9 年级

学生人数:男生 513 人

入学要求:SSAT 成绩、ISEE 成绩、学校成绩单、面试。

2019 年学费:US $77 100(外国学生寄宿部)

学校简介:这是一所私立寄宿男校,建校于 1903 年。学校提供高素质教学,各科有荣誉课程,鼓励学生相互关心,树立模范,参与成人辅导和各种文化活动。每班学生人数为 11 人,学生与教师比例为 7∶1。学科设置带有挑战性。该校特别开设的道德发展课程教导学生诚实、热忱和尊敬他人。学校有多种多样的运动队和周末活动项目。校园内突出的设施有计算机装备的教学楼、两个泳池、两个体育馆、9 个田径场、13 个网球场及 1 个室内冰球场。学校还特别开设英语为第二语言课程(ESL)和暑期学校。

运 动 队:棒球队、曲棍球队、足球队、冰球队、网球队、田径队、游泳队、篮球队。

社　　团:音乐社、戏剧社、视觉艺术社、合唱队、模特社。

历届学生去向:布鲁克斯大学、菲利普斯埃克塞特学院、迪尔菲尔德学院、圣乔治学院、卢米斯学院、圣保罗学院、米德尔塞克斯学院、萨菲尔德学院、弥尔顿学院。

109. Governor's Academy(总督书院)

网　　址:www.gda.org

所 在 州：马萨诸塞州（Massachusetts）

地　　址：1 Elm Street Byfield，MA01922

招生范围：9—12 年级

学生人数：398 人

入学要求：SSAT 或 TOEFL 成绩、学校成绩单、教师推荐信、面试。

2019 年学费：US $63 800（国际学生寄宿部）

学校简介：学校建于 1763 年，有两个半多世纪的历史。学校规模不大，但这么多年来一直走在美国教育不断创新的前列。学校的课程设置除大学预备课以外，还开设有 14 门大学先修课和各种荣誉课程。该校创立的精读项目是提高学生学习成绩的有效措施。学校的历史、校园环境、各项设施及地理位置都有助于学生对学业的专注；校方还非常重视教导学生掌握判断能力、创造能力、独立思考能力，以及将来参与社会竞争的各项才能和技巧。学校图书馆占地 2 万平方英尺，科学教学楼 5 万平方英尺，设备相当先进。

AP 课程设置：生物学、微积分 AB、微积分 BC、欧洲历史、法语、法国文学、德语、拉丁语、物理 B、心理学、西班牙语、统计学。

运 动 队：棒球队、篮球队、越野队、足球队、高尔夫球队、曲棍球队、垒球队、网球队、田径队、排球队、冰球队。

社　　团：历史俱乐部、辩论队、环保社、模特社、基督社、学生会、爵士乐队。

历届学生去向：达特茅斯学院、南加州大学、塔夫茨大学、乔治华盛顿大学、波士顿大学、丹佛大学、威廉姆斯学院、卫斯理女子学院、联合学院。

110. Groton School（格罗顿学校）

网　　址：www.groton.org

所 在 地：马萨诸塞州（Massachusetts）

地　　址：282 Farmers Row P. O. BOX991 Groton，MA01450

招生范围：8—12 年级

学生人数：381 人

入学要求：SSAT 成绩、学校成绩单、教师推荐信、面试。

2019 年学费：US $57 400（外国学生寄宿部）

学校简介：这是一所中等规模的大学预备中学，建校于 1884 年。该校办学目标是培养学科成绩优秀，知识、道德、艺术、纪律、社区服务和体育运动都达到一个高标准的学生。传统上，该校课程设置范围很广，使学生知识的广度和深度能符合将来生活、工作的需要。该校以强调领导才能和个性的发展出名，它的教会项目、古典语言、技术和教学课程广为人知。

AP 课程设置：生物学、微积分 AB、微积分 BC、计算机科学 A、计算机科学 AB、环境科学、法国语言和文化、拉丁语、乐理、物理 B、西班牙语言和文化、西班牙文学、统计学、化学。

运　动　队：棒球队、篮球队、越野队、曲棍球队、网球队、游泳队、田径队、英式足球队。

社　　　团：唱诗班、戏剧社、学生活动中心、环境科学社、辩论组、艺术俱乐部、书籍社、模特社。

历届学生去向：哈佛大学、普林斯顿大学、耶鲁大学、麻省理工学院、斯坦福大学、宾夕法尼亚大学、哥伦比亚大学、芝加哥大学、杜克大学、达特茅斯学院、西北大学、华盛顿大学、约翰·霍普金斯大学、康奈尔大学、布朗大学、塔夫茨大学、密歇根大学。

111. Hillside School(岭边学校)

网　　　址：www.hillsideschool.net

所 在 州：马萨诸塞州(Massachusetts)

地　　　址：404 Robin Hill Street，Marlborough，MA01752

招生范围：5—9 年级

学生人数：男生 150 人

入学要求：学校成绩单、教师推荐信、面试。

2019 年学费：US $60 700(外国学生寄宿部)

学校简介：这是一所建校于 1901 年的小规模私立特殊教育学校。办学 100 多年以来，学校一直秉持着帮助学生在学科知识、社交技巧、信心的建立和成熟度等方面共同发展的办学宗旨。学校的学科教育会根据学生的需要安排辅导课程来加强和补救学生掌握知识的能力。校方认为视觉艺术和体育运动课程是帮助学生成长的重要内容，所以该校开设有各种类型的运动课和视觉艺术课，设备齐全。除为患有注意力缺失症和有学习障碍的学生开设特殊教育班外，学校还开设英语为第二语言课程(ESL)和暑期班。

运　动　队：篮球队、高尔夫球队、曲棍球队、网球队、滑板队、冲浪队、棒球队、越野队、冰球队、英式足球队、田径队。

社　　　团：乐队、戏剧社、环保社、攀岩社、学生会。

历届学生去向：布鲁克斯学院、圣乔治大学、圣马克大学、圣保罗学院、肯特学院。

112. Landmark School(地标学校)

网　　　址：www.landmarkschool.org

所 在 州：马萨诸塞州(Massachusetts)

地　　址：P. O. Box 227 429 HaleStreet Prides Crossing，MA01965 - 0227

招生范围：2—12 年级

学生人数：469 人

入学要求：学校成绩单、教师推荐信、阅读测验结果、面试。

2019 年学费：US $79 300（外国学生寄宿部）

学校简介：这是一所专业的特殊教育学校，建校于 1871 年，招生对象主要是有语言或学习障碍但心理健康聪慧的学生。办学者认为阅读困难是学生在普通学校无法适应的主要原因，而不是受制于他们的阅读能力。学校采用个别教学，设立一对一的辅导体系。学校还强调语言技巧的发展必须放在高度系统性的学习和生活环境之中，因此，学校的课程设置虽以传统的大学预备课程为主，但也可加入大量的学习技巧和组织技巧训练。

AP 课程设置：英语、微积分、计算机。

运 动 队：网球队、曲棍球队、田径队、棒球队、垒球队、冲浪队、篮球队、英式足球队。

社　　团：艺术社、戏剧社、高尔夫球社、烹饪社、表演社、攀岩社、摄影社、电影社。

历届学生去向：哥伦比亚大学、斯坦福大学、达特茅斯学院、芝加哥大学、华盛顿大学、康奈尔大学、纽约大学、约翰·霍普金斯大学、波士顿大学、弗吉尼亚大学、西北大学、迈阿密大学、亚利桑那大学。

113. Lawrence Academy（罗伦斯书院）

网　　址：www.lacademy.edu

所 在 州：马萨诸塞州（Massachusetts）

地　　址：26 Powerhouse Road，P. O. Box 992 Groton，MA01450

招生范围：9—12 年级

学生人数：401 人

入学要求：学校成绩单、教师推荐信、TOEFL 或 SSAT 成绩、面试。

2019 年学费：US $64 150（外国学生寄宿部）

学校简介：罗伦斯书院是一所非常古老的私校，建校于 1793 年，几乎与美国历史等长，是全美历史最悠久的私校之一。学校采用以学生为中心的渐进式教学方法，课程设置严谨，有大学先修课且各科有荣誉课程。在传统教学中增加专题讲座、专题研究计划和自学导新式教学法，以此提高学生学习专业课的技巧。冬季开设一个很短的学期，专为密集式专题研究计划和外出旅行而设。

AP 课程设置：计算机科学 A、环境科学、英国语言和作文。

运 动 队：滑冰队、棒球队、越野队、高尔夫球队、曲棍球队、排球队、网球队、田径队、垒球队、滑板队、足球队、篮球队。

社　　团：法语社、学生会、绘画社、文化茶话会、音乐社。

历届学生去向：埃默里大学、布兰代斯大学、伦斯勒理工学院、迈阿密大学、马里兰大学、波士顿大学、薛城大学、康涅狄格大学、特拉华大学、印第安大学、科罗拉多大学、美利坚大学、贝勒大学、伊拉华大学。

114. The MacDuffie School(麦克杜菲学校)

网　　址：www.macduffie.com

所 在 州：马萨诸塞州(Massachusetts)

地　　址：66 School Street，Granby，MA01033

招生范围：6—12 年级

学生人数：266 人

入学要求：SSAT 或 TOEFL 成绩、学校成绩单、教师推荐信、面试。

2019 年学费：US $55 450(外国学生寄宿部)

学校简介：这是一所建校于 1890 年的规模较小的寄宿学校,学校能使学生得到足够的照顾和帮助。在课程设置具有挑战性和不同的文化色彩。在基础课程之外,学校开设有大学先修课及各学科的荣誉课程,同时也开设密集型艺术课程、体育运动课程等。该校的升学率及其学生所入读的大学都很出色。

AP 课程设置：统计学、世界历史、英国语言和作文、微积分 AB、微积分 BC、化学、英国文学与作文、拉丁语、物理 B、美国历史、法国语言和文化、西班牙语言和文化。

运 动 队：羽毛球队、篮球队、越野队、曲棍球队、垒球队、排球队、网球队、英式足球队。

社　　团：国际象棋社、舞蹈社、辩论社、雪上运动社、网球俱乐部、学生会、模特社。

历届学生去向：哈佛大学、西北大学、华盛顿大学、康奈尔大学、埃默里大学、莱斯大学、加州大学伯克利分校、乔治城大学、加州大学洛杉矶分校、南加州大学、密歇根大学、纽约大学、波士顿学院、罗格斯大学、宾州州立大学、密歇根州立大学、克拉克大学、佛蒙特大学、纽约州立大学石溪分校。

115. Middlesex School(米度萨克斯学校)

网　　址：www.mxschool.edu

所 在 州：马萨诸塞州(Massachusetts)

地　　址：1400 Lowell Road Concord，MA01742

招生范围：9—12 年级

学生人数：383 人

入学要求：ISEE 或 SSAT、TOEFL 成绩,学校成绩单,教师推荐信,面试。

2019 年学费：US $64 105(外国学生寄宿部)

学校简介：这是一所建校于 1901 年中等偏小规模的寄宿学校。该校能让学生把严肃的学科和有趣的课外活动相结合。学校开设有严谨的大学预备课程、大学先修课及各学科的荣誉课。同时要求学生参加学校运动队和艺术团队,该校的运动队和艺术队都较有名气。学校的课堂教学采用小班制,每班学生 11 人。强调学生中心教学法,启发学生的批判性思维和单独工作能力。

AP 课程设置：艺术史、乐理、物理 B/C、西班牙语言和文化、西班牙文学、微积分 AB/BC、化学、中文与文化、计算机科学 A、英国文学、环境科学、法国语言、拉丁语、宏观经济学、微观经济学、统计学、艺术工作坊、美国政府与政治、美国历史。

运 动 队：棒球队、高尔夫球队、排球队、曲棍球队、田径队、足球队、英式足球队、网球队。

社　　团：科学社、爵士乐队、学生会、电影社、亚洲联盟、跑步俱乐部、模特社、数学组、哈利·波特俱乐部。

历届学生去向：哈佛大学、普林斯顿大学、耶鲁大学、麻省理工学院、斯坦福大学、宾夕法尼亚大学、哥伦比亚大学、芝加哥大学、杜克大学、达特茅斯学院、西北大学、约翰·霍普金斯大学、布朗大学、埃默里大学、范德比尔特大学、乔治城大学、南加州大学、塔夫茨大学、北卡罗来纳大学、维克森林大学。

116. Milton Academy(弥尔顿书院)

网　　址：www.milton.edu

所 在 州：马萨诸塞州(Massachusetts)

地　　址：170 Centre Street Milton，MA02186

招生范围：9—12 年级

学生人数：658 人

入学要求：SSAT 成绩、TOEFL 成绩、学校成绩单、英语和数学教师推荐信。

2019 年学费：US $61 920(外国学生寄宿部)

学校简介：该校是已有 200 多年历史中等规模的传统私立学校。在 1798 年初建时为男女合校,1901 年男女校分家,1970 年顺应社会要求重新合校。学校特别鼓励学术自由、自主性和开放式交换意见。学校的课程设置符合大学预备的要求,并附设有大学先修课及各学科的荣誉课程。学校注重学生的学业成绩,希望学生能够真正专心读书。学校师资充足,教师和学生的比例为 1∶5。

AP 课程设置: 微积分 AB、微积分 BC、生物学、心理学、西班牙语、西班牙文学、统计学、拉丁文学、美国政府与政治、化学、中文与文化、政府与政治比较、计算机科学 A、英语和作文、英国文学、宏观经济学、微观经济学、物理 C、美国历史。

运 动 队: 篮球队、攀岩队、高尔夫球队、游泳队、田径队、排球队、帆船队、足球队、垒球队、英式足球队、网球队、曲棍球队、跳水队、越野队、滑冰队。

社　　团: 卡通社、法语社、电影社、音乐社、杂志社、西班牙语社、瑜伽社。

历届学生去向: 普林斯顿大学、麻省理工学院、宾夕法尼亚大学、芝加哥大学、杜克大学、达特茅斯学院、西北大学、华盛顿大学、约翰·霍普金斯大学、埃默里大学、范德比尔特大学、卡耐基梅隆大学、加州大学洛杉矶分校、南加州大学、纽约大学、里海大学、罗格斯大学。

117. Miss Hall's School(名人女子学校)

网　　址: www.misshalls.org

所 在 州: 马萨诸塞州(Massachusetts)

地　　址: 492 Holmes Road Pittsfield,MA01201

招生范围: 9—12 年级

学生人数: 214 人

入学要求: SSAT 成绩,TOEFL 成绩,学校成绩单,现任英语、数学老师和辅导员推荐信各一封,面试。

2019 年学费: US $60 600(外国学生寄宿部)

学校简介: 这是一所小型的女子寄宿学校,建校于 1898 年,是少数坚持男女分校的寄宿学校。学校坚信女子学校对培养新女性、增强学生的自信心。200 多年来,已成功地为大学和社会培养了不少人才。

AP 课程设置: 生物学、微积分 AB/BC、化学、英国文学、环境科学、统计学、艺术工作坊、美国政府与政治、美国历史、人类地理学。

运 动 队: 篮球队、曲棍球队、垒球队、排球队、英式足球队、越野队、滑冰队、网球队。

社　　团: 辩论社、环境科学社、舞蹈社、健身社、法语社、动物社、拉丁社、数学社、摄影社、瑜伽社、学生会。

历届学生去向: 哈佛大学、普林斯顿大学、耶鲁大学、宾夕法尼亚大学、杜克大学、达特茅斯学院、西北大学、约翰·霍普金斯大学、康奈尔大学、埃默里大学、圣母大学、济州大学伯克利分校、乔治城大学、弗吉尼亚大学、波士顿学院、威斯康辛大学。

118. Northfield Mount Hermon School(北田贺曼山学校)

网　　址：www.nmhschool.org

所 在 州：马萨诸塞州(Massachusetts)

地　　址：One Lamplighter Way Mount Hermond，MA01354

招生范围：9—12 年级

学生人数：650 人

入学要求：ACT 成绩、CTP 成绩、ISEE 成绩、PSAT 成绩、SAT 成绩、SSAT 成绩、TOEFL 成绩、学校成绩单、教师推荐信、面试。

2019 年学费：US $65 500(外国学生寄宿部)

学校简介：这是一所规模较大的大学预备高中,建校于 1879 年,是美国有名的私校之一。该校学科成绩优异,师资素质突出。课程安排以学生的学习为中心,除基本的大学预备课程以外,还开设有各科的荣誉课程及多门大学先修课。采用小班教学,每班学生平均为 13 人,学生可以得到充足的个别课业辅导。

AP 课程设置：物理、乐理、英国文学、艺术工作坊、统计学、英语和作文、中文与文化、化学、西班牙语、心理学、微观经济学、宏观经济学、拉丁语、欧洲历史、法语和作文、环境科学、计算机科学 AB、微积分 AB/BC、生物学。

运 动 队：足球队、跳水队、棒球队、冰球队、网球队、排球队、垒球队、滑冰队、游泳队、田径队、高尔夫球队、越野队、篮球队、曲棍球队、水球队。

社　　团：学生会、爵士乐队、环境社、辩论社、音乐社、合唱团、国际学生杂志社。

历届学生去向：哈佛大学、耶鲁大学、斯坦福大学、宾夕法尼亚大学、哥伦比亚大学、芝加哥大学、西北大学、华盛顿大学、布朗大学、乔治华盛顿大学、波士顿大学、迈阿密大学、丹佛大学、斯蒂文私立大学、纽约州立大学石溪分校、卡尔顿学院。

119. Phillips Academy(菲利普斯书院)

网　　址：www.andover.edu

所 在 州：马萨诸塞州(Massachusetts)

地　　址：180 Main St. Andover，MA 01810

招生范围：9—12 年级

学生人数：320 人

入学要求：SSAT 成绩、TOEFL 成绩、教师推荐信、学校成绩单、面试。

2019 年学费：US $57 800(外国学生寄宿部)

学校简介： 学校于 1778 年由小塞缪尔·菲利普斯建立，是美国最早建立且现今还在运营的私立寄宿高中。学校除了向学生提供普通教育所必需的基础课程的教学以外，为迎合不同学生的不同兴趣，还开设有丰富的选修课程。学生可以在任何一个部门科系学到各级的课程。班级人数相对较少，每一个学生都有机会获得老师的直接指导和帮助。

AP 课程设置： 生物、微积分、化学、计算机科学、环境科学、物理、统计学、宏观经济学、微观经济学、法语、德语、拉丁语、西班牙语、法国文学、拉丁文学、西班牙文学、欧洲历史、视觉艺术、乐理等。

运 动 队： 足球队、摔跤队、橄榄球队、游泳队和长跑队。

社　　团： 动物保护协会、亚洲俱乐部、国际象棋俱乐部、天文学会、社区服务社、计算机俱乐部、辩论俱乐部、环保协会、外语俱乐部、美食俱乐部、国际俱乐部、投资俱乐部、犹太学生组织、文学杂志社、数学俱乐部、模拟审判团、模拟联合国大会、学校报社。

历届学生去向： 美利坚大学、波士顿大学、布朗大学、哥伦比亚大学、康奈尔大学、乔治华盛顿大学、哈佛大学、麻省理工学院、纽约大学、宾夕法尼亚大学、普林斯顿大学、耶鲁大学、芝加哥大学。

120. St. Mark's College(圣马可学院)

网　　址： www.stmarksschool.org

所 在 州： 马萨诸塞州(Massachusetts)

地　　址： 25 Marlboro Road，Southborough，MA01772

招生范围： 9—12 年级

学生人数： 361 人

入学要求： SSAT 成绩、TOEFL 成绩、学校成绩单、三封推荐信(英语老师、数学老师及学校)、面试。

2019 年学费： US $63 250(外国学生寄宿部)

学校简介： 这是一所中等规模的私立学校，建校于 1865 年。学校注重教导学生的基本价值观、学习技巧和知识，培养学生在不断改变的现实社会中的应变能力。由于是基督教教会学校，学校也非常重视教会的传统，要求学生有自我意识、同情心和责任感。

AP 课程设置： 欧洲历史、微积分 AB/BC、法语和文化、心理学、物理 B、西班牙语、西班牙文学、世界历史、环境科学、生物学、化学、德语和文化、乐理、统计学。

运 动 队： 马术队、网球队、英式足球队、足球队、冰球队、高尔夫球队、垒球队、棒球队、篮球队、越野队、曲棍球队。

社　　团： 羽毛球俱乐部、中国学生联盟、合唱团、钓鱼俱乐部、舞蹈队、辩论队、法语社、德语社、爵士乐队、投资社、模特社、乒乓球俱乐部、西班牙语社、学生会、报社。

历届学生去向：耶鲁大学、普林斯顿大学、麻省理工学院、苏坦福大学、宾夕法尼亚大学、哥伦比亚大学、杜克大学、达特茅斯学院、西北大学、华盛顿大学、约翰·霍普金斯大学、康奈尔大学、布朗大学、埃默里大学、莱斯大学、卡耐基梅隆大学、乔治城大学、南极洲大学、密歇根大学、维克森林大学、弗吉尼亚大学、范德比尔特大学、纽约大学。

121. Stoneleigh-Burnham School（史东莱伯翰学校）

网　　　址：www.sbschool.org

所 在 州：马萨诸塞州（Massachusetts）

地　　　址：574 Bernardston Road Greenfield，MA01301

招生范围：7—12 年级

入学要求：SSAT 成绩、学校成绩单、三封推荐信（英语、数学老师、学校）、面试。

2019 年学费：US $61 750（国际学生寄宿部）

学校简介：这是一所小规模的女子大学预备私立学校，建校于 1869 年。办学目标是将学生培养为可以独立思考，有领导能力，尊重别人，有同情心的青年。教学上注重鼓励并激发学生的学习兴趣，学生可以在有足够帮助的学习环境下完成大学预备课程；同时学校还在每个学科开设荣誉课和大学先修课。学校设有学习技巧课程，可帮助学生提高学业成绩。

AP 课程设置：生物学、微积分 AB、微积分 BC、环境科学、欧洲历史、法国语和文化、西班牙语和文化。

运 动 队：篮球队、高尔夫球队、英式足球队、网球队、垒球队、曲棍球队、排球队、马术队、滑冰队。

社　　　团：辩论社、学生会、摇滚乐队、文学社。

历届学生去向：波士顿学院、布朗大学、加州大学、达特茅斯学院、丹佛大学、乔治城大学、乔治华盛顿大学、哈佛大学、俄亥俄州立大学、宾州州立大学、史密斯学院、华盛顿大学。

122. Tabor Academy（达坡书院）

网　　　址：www.taboracademy.org

所 在 州：马萨诸塞州（Massachusetts）

地　　　址：232 Front Street，Marion MA02738

招生范围：9—12 年级

学生人数：514 人

入学要求：ISEE、SSAT 或 TOEFL 成绩、学校成绩单、教师推荐信、面试。

2019 年学费： US $64 500（外国学生寄宿部）

学校简介： 这是一所较大规模的私立学校,建校于 1876 年。办学方针是用高标准教育使学生达到其学业上的高成就。课程设置严谨,除了充分的大学预备课程外,还开设 17 门大学先修课程。由于靠海的地理条件,该校的海洋生物项目是强项;戏剧和音乐项目拥有完善的设备,每年可排演 8 场演出。每个新生必须参加为期一周的新生训练,学校的大游轮"达坡小子"会带这些新生在船上度过这一周。

AP 课程设置： 世界历史、物理 B、化学、统计学、宏观经济学、英语和作文、英国文学、西班牙文学、西班牙语、拉丁文学、生物学、微积分 AB、微积分 BC、环境科学、欧洲历史、法语和作文、德语和作文、物理 C、美国历史。

运 动 队： 曲棍球队、高尔夫球队、英式足球队、田径队、篮球队、越野队、冰球队。

社 团： 艺术俱乐部、舞蹈队、戏剧社、数学组、国际学生组织、摄影社、演讲辩论社、学生会、年刊、学生报社、宿舍管理社。

历届学生去向： 哈佛大学、麻省理工学院、斯坦福大学、宾夕法尼亚大学、哥伦比亚大学、达特茅斯学院、西北大学、约翰·霍普金斯大学、布朗大学、卡耐基梅隆大学、乔治亚理工学院、伊利诺伊大学。

123. Walnut Hill School（核桃坡学校）

网 址： www.walnuthillarts.org

所 在 州： 马萨诸塞州（Massachusetts）

地 址： 12 Highland Street Natick，MA01760

招生范围： 9—12 年级

学生人数： 295 人

入学要求： ISEE、SSAT 成绩、TOEFL 成绩、学校成绩单、三封推荐信（英语、数学或科学、美术或表演艺术老师）、面试。

2019 年学费： US $64 460（外国学生寄宿部）

学校简介： 这是国际知名的美国东部唯一的寄宿部和日间部都有的艺术学校。在完整的艺术专业训练的同时,学生还要完成要求严格的大学预备课程。从世界各地来的学生在此主修声乐、乐器、舞蹈、戏剧、视觉艺术或创作等课程。作为新英格兰音乐协会的成员,该校每年向最有声望的大学、音乐团体和艺术机构输送大量人才,很多学员加入最好的专业舞蹈团,也有很多毕业生进入哈佛、普林斯顿、朱利亚音乐艺术学校等名校深造。该校吸引了很多学业优秀且很有艺术天分的学生。

运 动 队： 足球队、跑步俱乐部。

社 团： 环保社、学生会、宿管部、爵士俱乐部、电影社。

历届学生去向：哈佛大学、普林斯顿大学、耶鲁大学、斯坦福大学、哥伦比亚大学、芝加哥大学、西北大学、华盛顿大学、布朗大学、莱斯大学、范德比尔特大学、卡耐基梅隆大学、乔治城大学、南加州大学、布兰代斯大学、纽约大学、波士顿学院、罗切斯特大学、宾州州立大学、乔治华盛顿大学、茱莉亚音乐学院。

124. Wilbraham & Monson Academy(威伯汉和蒙申书院)

网　　址：www.wma.us

所 在 州：马萨诸塞州(Massachusetts)

地　　址：423 Main Street Wilbraham，MA01095

招生范围：9—12 年级

学生人数：455 人

入学要求：SSAT 成绩、TOEFL 成绩、学校成绩单、教师推荐信、面试。

2019 年学费：US $62 300(外国学生寄宿部)

学校简介：这是一座建于 1804 年,有古老历史的大学预备学校。学校很注重培养学生的人格特质。他们认为学得最好的学生必须是最努力、最勇于创新、最愿意与别人分享的人。学校保留有小班教学的良好传统,每班学生人数 8—14 人,开设有大学先修课和大学预备课程。

AP 课程设置：艺术工作坊、生物学、微积分 AB、化学、宏观经济学、环境科学、法国语言和文化、拉丁语、乐理、西班牙语言和文化、统计学、美国历史、微积分 BC、人类地理学、微观经济学、拉丁文学、世界历史、物理 C。

运 动 队：高尔夫球队、滑板队、排球队、网球队、垒球队、水球队、游泳队、曲棍球队、英式足球队、越野队、棒球队、田径队。

社　　团：舞蹈社、学生活动中心、辅导社、健身社、宿管部。

历届学生去向：康奈尔大学、埃默里大学、加州大学、弗吉尼亚大学、维克森林大学、纽约大学、里海大学、罗切斯特大学、伊利诺伊大学、威斯康辛大学、康涅狄格大学、印第安大学、密歇根州立大学、克拉克大学、纽约州立大学石溪分校。

125. The Williston Northampton School(威利斯顿北汉普顿学校)

网　　址：www.williston.com

所 在 州：马萨诸塞州(Massachusetts)

地　　址：19 Payson Avenue Easthampton，MA01027

招生范围：9—12 年级

学生人数：450 人

入学要求：SSAT 及 TOEFL 成绩、学校成绩单、教师推荐信。

2019 年学费：US $64 000（外国学生寄宿部）

学校简介：这是一所中型大学预备学校,建校于 1841 年,多次被美国教育部评为"模范学校"。学校招收素质优秀且愿意接受严格教育的学生。具有良好学习动机的学生可以在此完成大学预备课程,学校的各项设施也提供给学生很多学习的机会。

AP 课程设置：物理 1、物理 2、物理 C、计算机科学 AB、美国政府与政治、比较政府与政治、化学、微积分 BC、中文与文化、美国历史、乐理、微观经济学、环境科学、统计学、心理学、西班牙语言和文化、法国语言和文化、欧洲历史、微积分 AB、生物。

运 动 队：跳水队、足球队、冰球队、篮球队、越野队、高尔夫球队、垒球队、游泳队、田径队、排球队、网球队、英式足球队、水球队、滑冰队、棒球队。

社   团：电影社、模特社、数学组、西班牙语俱乐部、舞蹈社、学生会。

历届学生去向：哈佛大学、耶鲁大学、麻省理工学院、斯坦福大学、宾夕法尼亚大学、哥伦比亚大学、芝加哥大学、杜克大学、西北大学、华盛顿大学、约翰·霍普金斯大学、康奈尔大学、布朗大学、埃默里大学、莱斯大学、圣母大学、乔治城大学、南加州大学。

126. The Winchendon School(威契安顿学校)

网   址：www.winchendon.org

所 在 州：马萨诸塞州（Massachusetts）

地   址：172 Ash Streed Winchendon，MA01475

招生范围：9—12 年级

学生人数：250 人

入学要求：学校成绩单、TOEFL 成绩、教师推荐信、面试。

2019 年学费：US $63 500（外国学生寄宿部）

学校简介：这是一所普通私立高中,但开设有特殊教育课程。招生对象为能力好但因各种原因而不能发挥自己潜力的学生。教学方法以学生为主,即以学生的需要为教学的中心,用适合于学生的方式完成课程,注重教导学生掌握学习方法,包括培养良好的学习习惯。每班只有 6 个学生,学生可得到教师的充分帮助,也方便教师根据学生的不同学习方式进行个别教学。学校也开设其他课程,包括英语为第二语言课程（ESL）、大学预科班及暑期班。英语为第二语言课程（ESL）班包括了读、写、讲严格的训练课程。学校招收各种英语水平的学生,到校后再进入严格的语言培训。入学条件较为宽松,吸引了各国的留学生。

AP 课程设置：生物学、微积分 AB/BC、物理 B、西班牙语言和文化。

运 动 队：棒球队、篮球队、越野队、冰球队、排球队、英式足球队、高尔夫球队、曲棍球队、网球队。

社　　团：舞蹈队、杂志社、游泳队、电影社、滑板社、摄影社、报社、学生会。

历届学生去向：波士顿大学、雪城大学、东北大学、汉密尔顿学院。

127. Worcester Academy(华契斯特书院)

网　　址：www.worcesteracademy.org

所 在 州：马萨诸塞州(Massachusetts)

地　　址：81 Providence Street Worcester，MA01604

招生范围：6—12 年级

学生人数：520 人(男生 285 人，女生 235 人)

入学要求：学校成绩单、教师推荐信、面试。

2019 年学费：US $66 672(外国学生寄宿部)

学校简介：这是一所较大型的私立中学，建校于 1834 年，是典型的美国新英格兰地区传统的寄宿学校，有较高的学业要求，校风严谨。其著名的校训是"成就荣耀"。该校既有每周七天的寄宿部也有每周五天的寄宿部。课程设置以升大学为导向。学校同时还开设有音乐、戏剧和表演艺术课程。

AP 课程设置：美国历史、美国政府与政治、物理 C/2、微观经济学、宏观经济学、英国文学与作文、英语和作文、中文与文化、世界历史、西班牙语、西班牙文学、乐理、欧洲历史、拉丁语、法国语言和文化、计算机科学 A、微积分 AB/BC、生物学。

运 动 队：游泳队、曲棍球队、高尔夫球队、排球队、网球队、冰球队、越野队、篮球队、足球队、网球队、英式足球队、田径队。

社　　团：模特社、电影社、数学组、西班牙语俱乐部、学生会、舞蹈社。

历届学生去向：哈佛大学、普林斯顿大学、耶鲁大学、宾夕法尼亚大学、芝加哥大学、杜克大学、西北大学、华盛顿大学、约翰·霍普金斯大学、康奈尔大学、布朗大学、埃默里大学、范德比尔特大学、加州大学伯克利分校、南加州大学、密歇根大学、布兰代斯大学。

128. Cranbrook School(鲱斗溪学校)

网　　址：www.cranbrookschools.org

所 在 州：密歇根州(Michigan)

地　　址：39221 North Woodward Avenue P. O. Box 801 Bloomfield，Hills MI48303 - 0801

招生范围：日间部：幼儿园学前班—12 年级

寄宿部：9—12 年级

学生人数：1 659 人

入学要求：学校成绩单、教师推荐信、SSAT 成绩、面试。

2019 年学费：US ＄47 900（外国学生寄宿部）

学校简介：鲱斗溪学校是全美优秀的寄宿学校之一，建校于 1922 年，有近百年历史。课程设置以升大学为导向，完整严格，同时开设大学先修课及各科的荣誉课程。优良师资和教学环境也向学生提出另一方面的挑战。教师注意鼓励学生的创造性、批判性和独立的思维。教学采用圆桌型的小班制度，便于学生与教师之间的交流和集中学生们的注意力。

AP 课程设置：化学、美国历史、物理 C、生物学、微积分 AB/BC、法国语言和文化、计算机科学 A、欧洲历史、拉丁语、中文与文化、世界历史、统计学。

运 动 队：游泳队、曲棍球队、高尔夫球队、排球队、网球队、冰球队、越野队、篮球队、足球队、英式足球队、田径队。

社 团：模特社、拉丁社、乒乓球社、学生会、瑜伽社、年刊、韩国社、爵士乐队、法语社、德国社、报社、滑板社、志愿者组织。

历届学生去向：哈佛大学、普林斯顿大学、耶鲁大学、加州理工大学、麻省理工学院、斯坦福大学、宾夕法尼亚大学、芝加哥大学、杜克大学、达特茅斯学院、西北大学、华盛顿大学、布朗大学、埃默里大学。

129. Interlochen Arts Academy（英特洛晨艺术书院）

网 址：www.interlochen.org

所 在 州：密歇根州（Michigan）

地 址：P. O. Box 199 4000 Highway M137 Interlochen，MI49643 - 0199

招生范围：9—12 年级

学生人数：470 人

入学要求：学校成绩单、教师推荐信、TOEFL 及英文水平测试成绩、面试。

2019 年学费：US ＄64 615（外国学生寄宿部）

学校简介：这是一所专门培养艺术人才的寄宿学校，由梅迪博士开办于 1962 年。办学宗旨是帮助有艺术天分、思想及学习潜力的学生实现他们的理想。梅迪博士的美好理想是让此校的学科和艺术教育成为全美最具天才和理想才俊的学生最集中的地方。学生在此可得到个别教学指导和经常性的演出机会。该校开设很紧凑的大学预备课程。学生和教师比例为 7∶1。该校自 1980 年以来，已产生了 28 个总学者奖得主，多于全国任何一间公立或私立学校。

AP 课程设置：微积分 AB/BC、物理 B、西班牙语言和文化、统计学、世界历史。

社　　团：管乐队、弦乐队、爵士乐队、合唱团、美声乐队、摄影社、雕塑社、视觉艺术社、油画社、绘画社、芭蕾舞社、现代舞社。

历届学生去向：纽约大学、曼哈顿音乐学院、南加州大学、巴德学院、茱莉亚音乐学院、丹佛大学、加州大学圣地亚哥分校、密歇根大学、俄亥俄州立大学、普林斯顿大学、劳伦斯大学、林恩大学、曼哈顿音乐学院、曼尼斯音乐学院、马里兰大学设计研究所、新英格兰音乐学院。

130. The Leelanau School(李兰诺学校)

网　　址：www.leelanau.org

所 在 州：密歇根州(Michigan)

地　　址：One Old Homesteed Road Glen Arbor，MI49636

招生范围：9—12 年级

学生人数：64 人

入学要求：国际生要求 TOEFL 成绩及 SLEP、学校成绩单、教师推荐信、面试。

2019 年学费：US ＄63 650(外国学生寄宿部)

学校简介：这是一所小型的私立寄宿高中，建校于 1929 年。办学宗旨是学科、道德、体育和社交全面发展，因此很重视个别教育。学校设置的环境教学项目充分利用校内及校外的教学资源，实行学科之间融会教学的方式，使学生将更多的课堂知识与实践相结合，特别是在自然科学、语言、艺术、数学和社会科学方面。学校也注重教育学生自律和德、智、体全面发展。学校采用小班教学，学生能得到足够的帮助。学校还特别开设英语为第二语言课程(ESL)、特殊教育班和暑期学校。国际留学生大多来自韩国、丹麦、葡萄牙、德国、罗马尼亚、日本、西班牙、沙特阿拉伯、埃及、安哥拉和中国。学校尽量把外国学生的比例控制在 10％ 以下，保证 90％ 是美国学生，以维持美式教育的气氛和环境。

AP 课程设置：微积分 AB、法语和作文、西班牙语和作文、统计学。

运 动 队：篮球队、攀岩队、花样滑冰队、马术队、英式足球队、滑板队、排球队、网球队、高尔夫球队、山地自行车队。

社　　团：拉丁社、学生会、瑜伽社、模特社、韩国社、爵士乐队、法语社、报社、滑板社。

历届学生去向：麻省理工学院、哥伦比亚大学、波士顿大学、华盛顿大学、匹兹堡大学、迈阿密大学、霍华德大学、伍斯特学院、俄亥俄州立大学、辛辛那提大学、加州大学、西北大学。

131. Shattuck-St. Mary's School(圣玛莉学校)

网　　　址：www.s-sm.org

所　在　州：明尼苏达州(Minnesota)

地　　　址：P. O. Box 218 1000 Shumway Avenue Faribault，MN55021

招生范围：日间部：6—12 年级

　　　　　寄宿部：6—12 年级

学生人数：439 人

入学要求：学校成绩单、教师推荐信、面试。

2019 年学费：US $55 300(外国学生寄宿部)

学校简介：这是一所规模不大的教会中学,建校于 1858 年,招生对象从六年级到大学预科,分初中部和高中部。除基本科目外,课程设置以大学预备为导向,学校还开设 12 门大学先修课,每班学生人数为 14 人。学校有 18 支校际运动队、8 支冰球队(分男队、女队),每季有 50 场赛事。音乐队的学生每年有三场演出,学校会安排到国内或国外旅行。

AP 课程设置：微积分 AB、微积分 BC、环境科学、统计学。

运 动 队：棒球队、越野队、冰球队、曲棍球队、网球队、篮球队、高尔夫球队、英式足球队、田径队。

社　　　团：法语社、学生会、绘画社、文化茶话会、音乐社。

历届学生去向：波士顿学院、华盛顿大学。

132. Saint John's Preparatory School(圣约翰学校)

网　　　址：www.sjprep.net

所　在　州：明尼苏达州(Minnesota)

地　　　址：P. O. BOX4000 2280 Watertower Road，Collegeville，MN56321 - 4000

招生范围：9—12 年级

学生人数：295 人

入学要求：成绩单,两封教师、辅导员或校长推荐信,TOEFL 或 SLEP 成绩,面试。

2019 年学费：US $49 951(外国学生寄宿部)

学校简介：这是一所中型的教会学校,建校于 1857 年,与圣约翰大学有紧密的关系,相当于该大学的附中。学校非常强调学业标准和精神道德的发展。除了开设大学预备课程外,还有各门课的荣誉课程和大学先修课,学校与圣约翰大学同在一个大校园内,这样使学生有机会在大学里听课和使用大学先进的计算机设备。学校开设各项丰富多彩的课外活动,包括演戏、演讲、筹办杂志、报纸和参加各类社团及运动队等。新开设的设施包括美术中心和新科学楼。应国际学生的需要,学校特别为他们新增了三周密集型英语培训课程。

AP 课程设置: 德语和文化、环境科学、欧洲历史、微积分、西班牙语、化学。

运 动 队: 冰球队、垒球队、网球队、足球队、英式足球队、棒球队、篮球队、游泳队。

社 团: 舞蹈队、德语社、学生会、中文社、爵士乐队、电影社、西班牙语社、戏剧社、年刊。

历届学生去向: 波士顿大学、克拉克大学、埃默里大学、密歇根州立大学、乔治华盛顿大学、普渡大学、纽约大学、莱斯大学、密歇根大学、南极洲大学、雪城大学。

133. Piney Woods Country Life School(松林学校)

网 址: www.pineywoods.org

所 在 州: 密西西比州(Mississippi)

地 址: Highway 49 South Post Office Box 100 Piney Woods，MS39148

招生范围: 7—12 年级

学生人数: 317 人

入学要求: 学校成绩单、教师推荐信、面试。

2019 年学费: US $23 000(外国学生寄宿部)

学校简介: 该校由琼斯·罗伦斯创建于 1909 年,也有 100 多年历史。主要是为了帮助贫穷的非洲裔黑人,使他们能有自己的理想及生活技能,学校通过出色的教育和道德的发展,使他们将来有能力出人头地。学校创办人是著名黑人民权运动领袖罗伦斯博士,他认为非洲裔子弟拥有极大潜力,只是缺乏良好的教育条件,于是仿照白人传统的私立寄宿学校模式来创办该校。学校从九年级开始招生,学生来自全美 25 个州及其他国家。课程设置以升大学为导向,同时也有宗教课程的要求。

AP 课程设置: 英语、化学、美国历史、美国政府、微观经济学、心理学、社会学、世界历史。

运 动 队: 篮球队、棒球队、英式足球队、田径队、排球队、摔跤队、越野队、高尔夫球队、垒球队、足球队。

社 团: 手工艺品社、新闻社、摄影社、艺术社。

历届学生去向: 宾夕法尼亚大学、普林斯顿大学、俄亥俄州立大学、普渡大学、印第安纳波利斯大学、堪萨斯大学、科罗拉多艺术学院、华盛顿大学、密歇根大学。

134. St. Stanislaus School(圣斯坦尼斯洛斯书院)

网　　　址：www.ststan.com

所 在 州：密西西比州(Mississippi)

地　　　址：304 South Beach Boulevard Bay St. Louis，MS39520

招生范围：7—12 年级

学生人数：550 人

入学要求：学校成绩单,学校推荐信,SRA、SAT、CAT 考试成绩,面试。

2019 年学费：US $41 150(外国学生寄宿部)

学校简介：该校创建于 1854 年,有一个半多世纪的历史,是圣心兄弟会的下属学校。该男校招收七年级到十二年级的学生。其办学宗旨是为帮助学生发展他们的潜能,使他们成为快乐、自信及受到良好教育的青年。该校因成功培养出卓越的学生,故以"特色学校"而著称。每年有 98% 的毕业生可顺利进入大学深造。近年来,该校招生范围扩大,学生来自美国 15 个州及 12 个其他国家。学校开设英语为第二语言课程(ESL)、特殊教育课程和暑期班课程。

AP 课程设置：美国历史、微积分 AB/BC、英语、英国文学。

运 动 队：篮球队、棒球队、越野队、高尔夫球队、举重队、足球队、游泳队、田径队、网球队。

社　　　团：乐队、戏剧社、文学社、哲学社、钓鱼俱乐部、游泳俱乐部、国际象棋俱乐部、魔术俱乐部、数学及科学兴趣小组、音乐兴趣小组、户外活动俱乐部、广播俱乐部。

历届学生去向：哈佛大学、耶鲁大学、布朗大学、斯坦福大学、密西西比州立大学、佛罗里达州立大学、印第安大学、圣玛丽大学、埃默里大学、宾州州立大学。

135. Chaminade College Preparatory School(查敏民德学校)

网　　　址：www.chaminade-stl.org

所 在 州：密苏里州(Missouri)

地　　　址：425 South Lindbergh Boulevard St. Louis，MO63131 - 2799

招生范围：6—12 年级

学生人数：772 人

入学要求：学校成绩单、参加社团及运动队的教师推荐信、中学入学考试 ISEE、面试。

2019 年学费：US $43 419(外国学生寄宿部)

学校简介：这是一所大型的初高中合校的天主教会男校,建校于 1910 年,学生中

80％以上是天主教徒。学校要求学生信仰及个人特质保持天主教的传统,学业上也要求有突出的表现。学校的课程要求达到最高的平均分,包括学生完成 100 小时的大学学分课程,向学生提出挑战。除基础课外,有 16 门大学先修课和荣誉班。75％的毕业生可获得大学的奖学金。少量的住宿生可得到更多的关注和帮助。

AP 课程设置:世界历史、美国历史、美国政府与政治、艺术工作坊、心理学、物理 B、乐理、微观经济学、宏观经济学、拉丁语、法语和文化、欧洲历史、英语和作文、英国文学、计算机科学 A、比较政府与政治、西班牙语和作文、统计学、化学、微积分 AB/BC、生物学。

运 动 队:游泳队、篮球队、越野队、足球队、冰球队、英式足球队、网球队、水球队、曲棍球队、田径队、高尔夫球队、棒球队、排球队。

社　　团:艺术社、合唱社、数学组、报社、摄影社、学生会、戏剧社、国际象棋社。

历届学生去向:杜克大学、西北大学、波士顿学院、华盛顿大学、埃默里大学、密歇根大学、乔治华盛顿大学、波士顿大学、麦迪逊大学、俄亥俄大学。

136. Thomas Jefferson School(托马斯·杰佛逊学校)

网　　址:www.tjs.org

所 在 州:密苏里州(Missouri)

地　　址:4100 South Lindbergh Boulevard St. Louis,MO63127

招生范围:7—12 年级

学生人数:77 人

入学要求:SSAT 或 ISEE 成绩、学校成绩单、教师推荐信、面试。

2019 年学费:US $55 450(外国学生寄宿部)

学校简介:这是一所规模很小的学校,师资力量很强,学生与教师比例为 3∶1。学科安排严谨,要求严格。学生到高中最后一年全部修读大学先修课,所以学生必须在十二年级之前完成所有的中学课程。小班教学使学生充分参与课堂讨论,完成较具挑战性的功课。学生毕业后较多进入哥大、哈佛、布朗、杜克大学等常春藤大学。学生有充分的自由时间来安排他们的学习、运动和其他活动,每年学校会安排四个星期的海外旅游,这些活动能帮助学生认真学习,培养积极思维的能力。

AP 课程设置:生物学、微积分 BC、英语和作文、英国文学、化学、政府与政治、意大利语和文化、拉丁语、宏观经济学、微观经济学、物理 B、统计学、美国历史。

运 动 队:篮球队、英式足球队、网球队、排球队。

社　　团:国际象棋社、学生会、数学组、文学杂志、电影社、摄影社。

历届学生去向:普林斯顿大学、斯坦福大学、宾夕法尼亚大学、芝加哥大学、达特茅斯学院、西北大学、华盛顿大学、康奈尔大学、埃默里大学、密歇根大学、塔夫茨大学、哈弗福德学院、卫斯理学院、史密斯学院。

137. Brewster Academy(布鲁斯特书院)

网　　址：www.brewsteracademy.org
所 在 州：新罕布什尔州(New Hampshire)
地　　址：80 Academy Drive Wolfeboro，NH03894－4115
招生范围：9—12 年级
学生人数：357 人
入学要求：TOEFL 成绩、学校成绩单、教师推荐信、面试。
2019 年学费：US $64,950(外国学生寄宿部)
学校简介：这是一所国际知名的私立高中,建校于 1920 年。布鲁斯特书院会根据学生本人的水平,为全校 350 个学生开设个别课程,在成熟的高科技学习环境中总结出最佳的教学方法。学校的学习技巧中心会根据学生的能力开设荣誉课程及大学先修课。学校注重培养学生努力学习、尊重他人及自重的态度。
AP 课程设置：生物学、微积分 AB/BC、宏观经济学、英语和作文、英国文学、统计学、美国历史、物理 1、物理 2。
运 动 队：棒球队、滑冰队、滑板队、垒球队、篮球队、越野队、高尔夫球队、曲棍球队、帆船队、英式足球队、网球队、冰球队。
社　　团：戏剧社、健身社、环境社、瑜伽社、电脑社、爵士乐队。
历届学生去向：乔治城大学、加州大学洛杉矶分校、北卡罗来纳大学、纽约大学、里海大学、罗切斯特大学、伊利诺伊大学、波士顿大学、克莱门森大学、福德木大学、康涅狄格大学、科罗拉多大学、丹佛大学、克拉克大学、巴克奈尔大学、匹泽学院。

138. Cardigan Mountain School(卡迪根山学校)

网　　址：www.cardigan.org
所 在 州：新罕布什尔州(New Hampshire)
地　　址：62 Alumni Drive Canaan，NH03741
招生范围：6—9 年级
学生人数：207 人
入学要求：TOEFL 成绩、WISC－111 成绩、学校成绩单、教师推荐信、面试。
2019 年学费：US $71 900(外国学生寄宿部)
学校简介：这是一所小型的私立初中男校,由有经验的教师教学。学生可在纪律严格、有趣的学习环境中提高自己的学习技能。多样的体育活动和艺术课能丰富学生生活，开拓他们的视野，使很多学生毕业后可顺利进入名牌私立高中，如菲立普安都华(Philips Andover)、侯都尼斯(Holdemess)和圣保罗(St. Paul's)等学校。学校的其他课程有英语为第二语言课程(ESL)和暑期班课程。该校的暑期学校已有 50 年历史。学校能结合课业和野外活动，使学生积累丰富的学习经验，并且招收多种年龄层次的学生。

运 动 队：滑冰队、棒球队、篮球队、越野队、冰球队、曲棍球队、山地自行车队、英式足球队、网球队、冲浪队、滑板队、攀岩队。

社　　团：登山社、骑马社、山地自行车社、摄影社、帆船运动社。

历届学生去向：布莱尔学院、布鲁斯特学院、迪尔菲尔德学院、布鲁克斯学校、库欣学院、蒂尔顿学校、肯特学校、霍奇基思学校、金博尔联盟学院、劳伦斯学院、劳伦斯维尔学校、米德尔塞克斯学校、培德学校、圣保罗学校、弥尔顿学院。

139. Dublin School(都伯林学校)

网　　址：www.dublinschool.org
所 在 州：新罕布什尔州(New Hampshire)
地　　址：18 Lahmann Way Dublin，NH03444
招生范围：9—12 年级
学生人数：140 人
入学要求：TOEFL 成绩、学校成绩单、教师推荐信、面试。
2019 年学费：US $62 232(外国学生寄宿部)
学校简介：这是一所小型的包含日间部和寄宿部的私立学校，建校于 1936 年。课程设置以大学预备课为主，每科目都有大学先修课，也开设自习课程。学习技巧训练项目及晚间辅导课主要是为有需要学业帮助的学生而设。学校采用小班教学，每班人数 5—14 人。学校注重营造自立、自信的教育氛围，使学生能在知识、体能、社会能力和道德诸方面全面发展。课程设置旨在使学生的学科、艺术和体育项目都取得成就。学校要求学生负责日常工作，参与工作小组、慈善组织和社区服务。学校尊重学生不同的学习方式，注意挖掘学生的学习潜力。

AP 课程设置：计算机科学 A、环境科学、乐理、美国历史、微积分 AB、微积分 BC、化学、英语和作文、英国文学、物理 B、物理 C、生物学。

运 动 队：滑板队、越野队、滑冰队、网球队、马术队、篮球队、曲棍球队、帆船队、英式足球队、山地自行车队、高尔夫球队。

社　　团：模特社、爵士社、企业家社、机器人社、学生会、音乐社、摇滚乐队社、国际社。

历届学生去向：宾夕法尼亚大学、哥伦比亚大学、约翰·霍普金斯大学、埃默里大学、卡耐基梅隆大学、加州大学洛杉矶分校、纽约大学、华盛顿大学、乔治亚理工学院、雪城大学、康涅狄格大学、密歇根州立大学、爱荷华大学、克拉克大学、佛蒙特大学、卡尔顿学院、史密斯学院、福尔曼大学。

140. Hampshire Country School(罕布夏乡间学校)

网　　址：www.hampshirecountryschool.org

所 在 地：新罕布什尔州(New Hampshire)

地　　址：28 Patey Circle Rindge，NH03461

招生范围：3—12 年级

入学要求：学校成绩单、教师推荐信、面试。

2019 年学费：US $60 000(外国学生寄宿部)

学校简介：这是一所建校于 1948 年家庭式小规模的寄宿学校,教授传统课程,每班学生 4—8 人,学校给予学生额外的帮助和辅导。该校适合有较强领悟力但需要超常认同感和成人注意力的小孩。这些学生通常不适宜在普通大型学校学习,在小型学校则较有安全感和成就感,也便于学生之间的互动。

AP 课程设置：美国历史、世界历史、西班牙语和文化、物理 B、物理 C、宏观经济学、微观经济学、法语和文化、英国文学、英语和作文、计算机科学 Λ、中文与文化、化学、微积分 AB/BC。

运 动 队：足球队、网球队、篮球队、橄榄球队、曲棍球队、英式足球队。

社　　团：娱乐性足球队、远足社、骑马社、艺术社、音乐队。

历届学生去向：都柏林学校、橡树林学校、巴克斯顿学校、普特尼学校、卡森龙军校、古尔德学院。

141. High Mowing School(高谷学校)

网　　址：www.highmowing.org

所 在 州：新罕布什尔州(New Hampshire)

地　　址：222 Isaac Frye Highway，Wilton，NH03086

招生范围：9—12 年级

学生人数：120 人

入学要求：学校成绩单、三封推荐信(校长、英文及数学教师)、面试。

2019 年学费：US $55 200(外国学生寄宿部)

学校简介：高谷学校是华尔道夫学校在美国的分校,建校于 1919 年。华尔道夫学校是欧洲教育改革的成果,最早建校于德国,现今世界有 600 所华尔道夫学校。课程设置以大学预备为导向,同时向学生的学术能力、想象能力和社会责任感提出挑战,自然科学受到重视。学校的自然主义课程帮助学生建立起对大自然的崇敬态度。学校的制作艺术和表演艺术项目能帮助学生丰富他们的课堂知识。

体育活动团体则分比赛队和娱乐队两种。户外活动包括负重越岭、滑冰等等,使学生有很多课堂以外的学习机会。

AP 课程设置: 西班牙语和文化、德语和文化、法语和文化、世界历史、生物学、微积分 AB/BC。

运 动 队: 英式足球队、篮球队、棒球队、曲棍球队。

社　　团: 攀岩队、瑜伽社、全校戏剧社。

历届学生去向: 波士顿大学、亚特兰大学院、皇后大学、史密斯学院、加州人学。

142. Holderness School(侯德尼斯学校)

网　　址: www.holderness.org

所 在 州: 新罕布什尔州(New Hampshire)

地　　址: P. O. BOX1879 Plymouth,NH03264 - 1879

招生范围: 9—12 年级

学生人数: 280 人

入学要求: SSAT 或 TOEFL 成绩、学校成绩单、教师推荐信、面试。

2019 年学费: US $64 800(外国学生寄宿部)

学校简介: 学校创办于 1879 年。学校规模不大,但以培养尖子学生闻名。学校以讲授大学预备基础课程为主,另开设 11 门大学先修课及各科荣誉课程。学校的领导才能培训项目办得非常出色,学校的办学方针是教导学生运用清晰、连贯的逻辑思维掌握好各门课程的知识,同时也很注重学生在学科和运动方面的平衡发展。各班学生不超过 13 人。

AP 课程设置: 微积分 AB、欧洲历史、生物学、法语和文化、拉丁语、乐理、统计学、英语和作文、英国文学、西班牙文学、美国历史、微积分 BC、环境科学、物理 C。

运 动 队: 滑冰队、篮球队、冰球队、山地自行车队、滑板队、垒球队、游泳队、英式足球队、曲棍球队、攀岩队、足球队、高尔夫球队。

社　　团: 戏剧社、宿管部、环境科学社、食品社、学生会、学生报社、学生活动中心。

历届学生去向: 哈佛大学、耶鲁大学、斯坦福大学、达特茅斯学院、约翰·霍普金斯大学、康奈尔大学、布朗大学、埃默里大学、卡耐基梅隆大学、乔治城大学、弗吉尼亚大学、南加州大学、维克森林大学、纽约大学、罗切斯特大学、迈阿密大学、乔治华盛顿大学、波士顿大学。

143. Kimball Union Academy(金博联合书院)

网　　址：www.kua.org

所 在 州：新罕布什尔州(New Hampshire)

地　　址：P. O. Box 188 Main Street Meriden，NH03770

招生范围：9—12 年级

学生人数：345 人

入学要求：SSAT 或 TOEFL 成绩(外国学生如在校成绩较好可降低 TOEFL 要求)、学校成绩单、教师推荐信、面试。

2019 年学费：US $63 750(外国学生寄宿部)

学校简介：这是一所中型的大学预备高中,建校于 1813 年。办学宗旨是引导学生走正确的道路,达到学业、专项、创造力和责任感全面发展。除了开设有大学预备基本学科外,学校还开设大学先修课。每一年级都配备有学生顾问协助学生,确保他们成功进入理想的大学。

AP 课程设置：人类地理学、中文与文化、英国文学、拉丁语、生物学、艺术史、微积分 AB/BC、化学、英语和作文、环境科学、生物学、欧洲历史、物理 B、统计学、法语和文化、艺术工作坊、美国历史、乐理、世界历史。

运 动 队：篮球队、冰球队、滑板队、垒球队、游泳队、曲棍球队、攀岩队、足球队、滑冰队、山地自行车队、英式足球队、高尔夫球队。

社　　团：模特社、文学杂志社、爵士社、摄影社、马术社、经济组织、环境科学社、艺术中心、健身社、数学组、辅导社。

历届学生去向：哈佛大学、普林斯顿大学、耶鲁大学、杜克大学、达特茅斯学院、约翰·霍普金斯大学、布朗大学、埃默里大学、加州大学伯克利分校、卡耐基梅隆大学、塔夫茨大学、布兰代斯大学、纽约大学、威廉玛丽学院、波士顿学院、里海大学、伦斯勒里学院、宾州州立大学、迈阿密大学。

144. New Hampton School(新汉普顿学校)

网　　址：www.newhampton.org

所 在 州：新罕布什尔州(New Hampshire)

地　　址：P. O. Box 579 New Hampton，NH03256

招生范围：9—12 年级

学生人数：305 人

入学要求：SSAT 或 TOEFL 成绩、学校成绩单、教师推荐信、面试。

2019 年学费：US $62 500

学校简介：这是一所建于 1821 年，已有近 200 年历史的大学预备私立高中。学校强调学生在亲身体验中学习，注意发掘学生的学术、情感、体能和精神各方面的潜力。学校的教学理念强调教与学的互动关系。课程设置的涵盖面很广，除基本课程外，各主要学科都开设有大学先修课。学校新设施包括一个学术资源中心（内有一个藏书 25 000 册的图书馆、一个全功能自动录音室）、很多先进技术的多功能教室、新的艺术和体育中心。

AP 课程设置：微积分 AB/BC、化学、英国文学、英语和作文、美国历史、物理 B、欧洲历史、统计学。

运 动 队：花样滑冰队、垒球队、滑板队、冰球队、篮球队、棒球队、越野队、马术队、足球队、高尔夫球队、曲棍球队、英式足球队、网球队。

社 团：文学杂志社、经济组织、艺术中心、健身社、数学组、辅导社、模特社、爵士社、环境科学社。

历届学生去向：波士顿学院、贝莉大学、布朗大学、加州大学芝加哥分校、曼哈顿学院、明尼苏达州立大学、奥巴马大学、芝加哥大学、丹佛大学、加州大学伯克利分校。

145. Phillips Exeter Academy（菲利普艾瑟特书院）

网 址：www.exeter.edu

所 在 州：新罕布什尔州（New Hampshire）

地 址：20 Main Street，Exeter，NH03833 - 2460

招生范围：9—12 年级

学生人数：1 002 人

入学要求：PSAT、SAT、TOEFL 成绩，学校成绩单，教师推荐信，面试。

2019 年学费：US $55 402（外国学生寄宿部）

学校简介：菲利普艾瑟特书院建校于 1781 年，已有 200 多年历史，是拥有常春藤名校美誉的全国知名的私立中学。该学（书）院秉持哈克尼斯的教学理论，教学方式以专题讨论为主。每个课室都有便于交流和讨论的椭圆形红木课桌。学校开设 350 门课，其中有 14 门大学先修课，且各科有荣誉班。该校没有设置 AP 课程，因为该校很多课程都已经达到和超过大学先修课程的水平。学校捐款使学校有足够能力满足高标准教学的需求和维持先进的教学设施。全校有 35% 的学生得到学校每年 650 万美元的经济资助。

运 动 队：垒球队、水球队、田径队、曲棍球队、棒球队、篮球队、排球队、网球队、英式足球队、冰球队、跳水队、越野队、高尔夫球队。

社 团：模特社、摄影社、钢琴俱乐部、艺术俱乐部、瑜伽社、戏剧社、乒乓球俱乐部、数学组、爵士俱乐部、电影社、法语社、德语社、舞蹈队、辩论社、商业俱乐部。

历届学生去向：哈佛大学、普林斯顿大学、耶鲁大学、加州理工大学、斯坦福大学、麻省理工学院、哥伦比亚大学、芝加哥大学、宾夕法尼亚大学、杜克大学、达特茅斯学院、西北大学、华盛顿大学、约翰·霍普金斯大学、布朗大学、莱斯大学。

146. Proctor Academy(学监书院)

网　　址：www.proctoracademy.org

所 在 州：新罕布什尔州(New Hampshire)

地　　址：P. O. Box 500 Main Street，Andover，NH03216

招生范围：9—12 年级

学生人数：360 人

入学要求：WISC-Ⅲ、SSAT 及 TOEFL 成绩,学校成绩单,教师推荐信,面试。

2019 年学费：US $63 200(外国学生寄宿部)

学校简介：该学(书)院建于 1848 年,这是一所以升大学为导向的学校。除基本课程外,各学科都设有荣誉课程和大学先修课。广阔的校园使学生获得更多户外教育的机会,同时学校还组织学生到国外学习,选择的主要国家有法国、西班牙和摩洛哥。学生的入学标准是必须有学习的动机、参与活动的热情及坚强的意志力。

AP 课程设置：环境科学、生物学、法语和文化、西班牙语和文化、统计学、微积分 AB、微积分 BC、宏观经济学、英语和作文、英国文学、物理 B、美国政府与政治、人类地理学。

运 动 队：篮球队、冰球队、山地自行车队、垒球队、滑板队、高尔夫球队、足球队、马术队、棒球队、曲棍球队、英式足球队、网球队、花样滑冰队。

社　　团：合唱社、舞蹈队、戏剧教学社、科学研究社、学生活动中心、芭蕾队、摄影社、爵士队。

历届学生去向：哈佛大学、斯坦福大学、达特茅斯学院、布朗大学、埃默里大学、莱斯大学、弗吉尼亚大学、南加州大学、纽约大学、里海大学、伊利诺伊大学、伦斯勒里学院、乔治华盛顿大学、波士顿大学、印第安大学、科罗拉多大学、美利坚大学、东北大学。

147. St. Paul's School(圣保罗学校)

网　　址：www.sps.edu

所 在 州：新罕布什尔州(New Hampshire)

地　　址：325 Pleasant Street Concord，NH03301-2591

招生范围：9—12 年级

学生人数：536 人

入学要求：SSAT 成绩、学校成绩单、教师推荐信、面试。

2019 年学费：US $59 900（外国学生寄宿部）

学校简介：这是一所全国知名的私立学校，建校于 1856 年，是美国人心目中的常春藤名牌学校。有些初中寄宿学校以培养学生考进圣保罗及其他常春藤名牌高中为目标。学校很尊重学生的个人天分、个人自由、责任心、对知识的好奇心（求知欲）和为公众服务的精神。学校以课程设置合理和设施先进而知名。其突出之处在于学生可以自由选课。该校是教会学校，所以宗教教育也是其课程的一部分。学校还相信教育是人生的主要任务，其意义远远超出课堂教学本身。为此，学校会开设专题讲座、组织公共服务等。

运 动 队：滑冰队、篮球队、足球队、曲棍球队、英式足球队、棒球队、网球队、排球队、垒球队、冰球队、田径队、越野队。

社 团：经典电影社、国际象棋社、辩论队、德语社、书籍社、中国文化社、学生文化中心、运动联盟。

历届学生去向：哈佛大学、普林斯顿大学、耶鲁大学、麻省理工学院、斯坦福大学、宾夕法尼亚大学、哥伦比亚大学、芝加哥大学、杜克大学、达特茅斯学院、西北大学、华盛顿大学、约翰·霍普金斯大学、康奈尔大学、布朗大学、埃默里大学、莱斯大学、范德比尔特大学、圣母大学、里海大学。

148. Tilton School（提尔顿学校）

网 址：www.tiltonschool.org

所 在 州：新罕布什尔州（New Hampshire）

地 址：30 School Stret Tilton，NH03276

招生范围：7—12 年级

学生人数：257 人

入学要求：SSAT 或 TOEFL 成绩、学校成绩单、教师推荐信、面试。

2019 年学费：US $62 525（外国学生寄宿部）

学校简介：这是一所规模不大的私立学校，以升大学为导向。学校鼓励学生根据自己的长处逐步建立自尊，培养学生的个性和领导才能。该校独特的五项加强计划能确保学生积极参与运动队、艺术和领导才能培训、社区服务和户外活动。学校的重要设施包括运动和娱乐中心、创作艺术中心、汉弥尔顿戏院、图书馆、耗资 2 000 万美元兴建的麦摩伦田径场和冰球场。

AP 课程设置：美国历史、统计学、物理 B、欧洲历史、英国文学、英语和作文、西班牙语和作文、化学、法语和文化、微积分 AB/BC、生物学。

运 动 队：越野队、高尔夫球队、垒球队、滑板队、曲棍球队、滑冰队、篮球队、冰球队、足球队、英式足球队、网球队。

社　　团：新闻报社、辩论队、玩具社、舞台乐队、宿管部。

历届学生去向：波士顿学院、哥伦比亚大学、哈佛大学、詹姆斯大学、自由大学。

149. The White Mountain School(白山学校)

网　　址：www.whitemountain.org

所 在 州：新罕布什尔州(New Hampshire)

地　　址：371 West Farm Road Bethlehem，NH03574

招生范围：9—12 年级

学生人数：87 人

入学要求：教师推荐信、面试。

2019 年学费：US $63 700(外国学生寄宿部)

学校简介：这是一所建校于 1886 年，具有悠久历史的小型私立寄宿中学，因为邻近白山风景区，以小学校、大野外著名。课程设置以大学预备为导向，很注重学生的学业、制作艺术、社区服务、户外考察和体育运动的平衡发展。学校采用小班教学，学生能够得到充分的关注和日常的课程指导，大学辅导员也能为学生升大学提供足够的帮助。课外活动包括远足、划船、攀岩、攀冰、爬山、足球、长曲棍球、网球、戏剧、舞蹈、雪地滑板、滑雪等项目。学校还开设英语为第二语言课程(ESL)和大学预科班。

AP 课程设置：英国文学、环境科学、人类地理学、西班牙语和文化、法语和文化、微积分 AB/BC。

运 动 队：山地自行车队、曲棍球队、滑冰队、英式足球队、滑板队、花样溜冰队、越野队。

社　　团：音乐社、摄影社、电影社、环境科学社、攀岩社、学生会。

历届学生去向：巴德学院、波士顿学院、芝加哥大学、印第安纳大学、加州大学、史密斯学院、圣迈克学院、拉法耶特学院。

150. Wolfeboro Camp School(沃夫营学校)

网　　址：www.wolfeboro.org

所 在 州：新罕布什尔州(New Hampshire)

地　　址：93 Camp School Road，Wolfeboro，NH03894

招生范围：5—12 年级

学生人数：190 人

入学要求：学校成绩单、面试。

2019 年学费： US $14 550（外国学生住宿部）

学校简介： 这是一所建校于 1910 年，已有百年多历史的私立夏季中学，只设置夏令营，无全年制学校。学校设计了一个 6 周半的个别课程项目，该项目强调学习技巧、组织能力、积极性、信心和自尊。学生在该计划期间主修英语、文法、写作、词汇、阅读、数学、科学、地理和外语，主要以学习和预习为主。学校超小班人数只有 3—5 人。学生来自美国各州及其他国家。课外活动全部由教师督导，设置有田径、水上运动、创作艺术、健身、旅行或在白山公园野营等项目。学校还开设英语为第二语言课程（ESL），为患有注意力缺失症及学习障碍的学生而设的特殊教育班和暑期学校。

运 动 队： 网球队、篮球队、冲浪队、垒球队、棒球队、越野队、曲棍球队、英式足球队、游泳队、排球队。

社 团： 舞蹈队、排球社、艺术工作坊、垒球社、篮球社、足球社。

历届学生去向： 乔治城大学、纽约大学、圣马克大学、圣约翰大学、圣玛格丽特大学。

151. Blair Academy（布莱尔书院）

网 址： www.blair.edu

所 在 州： 新泽西州（New Jersey）

地 址： 2 Park Street, P. O. Box 600 Blairstown, NJ07825

招生范围： 9—12 年级

学生人数： 458 人

入学要求： 三封教师推荐信、学校成绩单、TOEFL 和 SSAT 成绩、面试。

2019 年学费： US $64 200（外国学生寄宿部）

学校简介： 这是一所中等规模的私立寄宿学校，建校于 1848 年，已有 153 年历史。课程设置严谨且对学生有较高的要求，有 17 个大学先修课程，且各科有荣誉课。学生毕业后进入名校的概率很高。学校采用小班教学，每班学生 12 人，学生可得到足够的指导和帮助。学校每年提供 180 万美元帮助有经济需要的学生。

AP 课程设置： 微积分 AB/BC、欧洲历史、乐理、化学、中文和文化、微观经济学、法语和文化、环境科学、生物学、西班牙语和文化、计算机科学 A、计算机科学 AB、英语和文化、世界历史、拉丁语、艺术工作坊、统计学、物理 C、美国历史、英国文学、比较政府与政治、艺术史。

运 动 队： 游泳队、垒球队、田径队、曲棍球队、足球队、高尔夫球队、排球队、网球队、英式足球队、篮球队、滑冰队、越野队。

社 团： 模特社、数学组、学生会、戏剧与表演社、影视制作社、爵士社、舞蹈队。

历届学生去向：哈佛大学、普林斯顿大学、耶鲁大学、芝加哥大学、宾夕法尼亚大学、杜克大学、布朗大学、华盛顿大学、约翰·霍普金斯大学、纽约大学、莱斯大学、埃默里大学、乔治城大学、密歇根大学、维克森林大学、弗吉尼亚大学。

152. The Hun School(汉学校)

网　　址：www.hunschool.org
所 在 州：新泽西州(New Jersey)
地　　址：176 Edgerstoune Road Princeton，NJ08540
招生范围：9—12 年级
学生人数：614 人
入学要求：教师推荐信、学校成绩单、TOEFL 和 SSAT 成绩、面试。
2019 年学费：US $63 200(外国学生寄宿部)
学校简介：汉学校是一所中型的传统大学预备中学，建校于 1914 年。传统的课程设置能使学生学好文化和荣誉课程。教师很注重帮助学生建立自尊，发挥优点，并给予学生较高但可承受的期望。学校安排的各项活动都是作为补充课程以刺激学生的批判性思维，并激发学生的求知欲。学校同时安排众多的周末活动，并有完善的学生顾问服务，这成了该校寄宿生活的一个特色。
AP 课程设置：艺术史、微积分 AB/BC、计算机科学 A、欧洲历史、环境科学、法语和文化、物理 B、西班牙文学、西班牙语和文化、化学、英国文学、生物学、美国历史、心理学、统计学。
运 动 队：田径队、游泳队、英式足球队、冰球队、越野队、篮球队、棒球队、足球队、曲棍球队、垒球队、网球队。
社　　团：钓鱼社、电视台社、模特社、国际象棋社、法语社、滑冰社、学生会、写作辅导社。
历届学生去向：普林斯顿大学、哥伦比亚大学、杜克大学、达特茅斯学院、西北大学、华盛顿大学、约翰·霍普金斯大学、康奈尔大学、埃默里大学、圣母大学、南加州大学、密歇根大学、塔夫茨大学、布兰代斯大学、纽约大学、波士顿学院、东北大学、匹兹堡大学、福德木大学卡尔顿学院。

153. Lawrenceville School(罗伦斯维尔学校)

网　　址：www.lawrenceville.org
所 在 州：新泽西州(New Jersey)
地　　址：2500 Main Street Lawrenceville，NJ08648
招生范围：9—12 年级

学生人数：816 人

入学要求：TOEFL 和 SSAT 成绩、校友面试或者两封推荐信（信中必须有申请者英文读写能力的评价）。

2019 年学费：US $66 360（外国学生寄宿部）

学校简介：这是一所规模较大的私立寄宿学校。建校于 1810 年，最初是单性别学校，1987 年以后改为男女合校。该校强调教育不单是为了大学作预备，而且要教育学生使其成为社会上积极并有思想的成员。罗伦斯维尔的最大特色是学生分组体系，这可确保每个学生都有同样充分的机会接受教育。

AP 课程设置：计算机科学、西班牙语、西班牙文学、统计学、环境科学、艺术坊、欧洲历史、英国文学、英语、物理学、美国历史、世界历史、艺术史、法语、法国文学、拉丁语、拉丁文学、生物学、微积分、化学、比较政府与政治、宏观经济学。

运动队：高尔夫球队、排球队、游泳队、篮球队、棒球队、英式足球队、越野队、冰球队、田径队、水球队、马术队。

社　　团：辩论社、话剧社、交响乐队、合唱队、艺术社、历史社、宗教社、科学社、语言社、哲学社。

历届学生去向：哈佛大学、普林斯顿大学、耶鲁大学、麻省理工学院、哥伦比亚大学、宾夕法尼亚大学、斯坦福大学、达特茅斯学院、杜克大学、华盛顿大学、约翰·霍普金斯大学、康奈尔大学、西北大学、布朗大学、南极洲大学、乔治城大学、圣母大学。

154. The Peddie School（帕帝学校）

网　　址：www.peddie.org

所 在 州：新泽西州（New Jersey）

地　　址：201 South Main Street，Highstown，NJ08520 - 3349

招生范围：9—12 年级，大学预科

学生人数：548 人

入学要求：ISSEE、SLAT 考试成绩，学校成绩单，教师推荐信，面试。

2019 年学费：US $62 400（外国学生寄宿部）

学校简介：建校于 1864 年的私立中学，其学校风格是传统和革新的融合。要使学生勇于提问，寻求论据及有效地交流见解。课程设置带挑战性，有大学先修课且各科有荣誉课，教师可随时提供指导和帮助。学校的先进技术吸引了众多外校教育工作者的到访，包括校园内的计算机网络、电子邮递、全频道互联网、学校图书馆及普林斯顿大学图书馆方便学生查阅。每个学生都会有一部手提电脑。

AP 课程设置：西班牙语和文化、统计学、艺术工作坊、拉丁语、乐理、心理学、美国政府与政治、美国历史、中文与文化、化学、微积分 AB、微积分 BC、法语和文化、英国文学、生物学、艺术史、环境科学、欧洲历史。

运 动 队：棒球队、游泳队、田径队、英式足球队、高尔夫球队、篮球队、越野队、足球队、曲棍球队、垒球队、网球队。

社　　团：辩论队、爵士队、拉丁社、学生组织、模特社、法语社、环境科学社、戏剧社、国际学生组织、数学组、企业家社。

历届学生去向：哈佛大学、普林斯顿大学、耶鲁大学、斯坦福大学、宾夕法尼亚大学、哥伦比亚大学、芝加哥大学、杜克大学、达特茅斯学院、西北大学、华盛顿大学、约翰·霍普金斯大学、康奈尔大学、布朗大学、埃默里大学、莱斯大学、范德比尔特大学、圣母大学、加州大学伯克利分校、圣母大学、弗吉尼亚大学、南加州大学、密歇根大学。

155. The Pennington School(潘宁顿学校)

网　　址：www.pennington.org

所 在 州：新泽西州(New Jersey)

地　　址：112 West Delaware Avenue Pennington，NJ08535

招生范围：8—12 年级

学生人数：488 人

入学要求：SSAT 考试、学校成绩单、教师推荐信、面试。

2019 年学费：US $61 840(外国学生寄宿部)

学校简介：这是一所中型的初高中合校的私立学校,建校于 1838 年。学校强调发掘学生的个人长处。课程设置较宽广灵活,符合不同学生的不同需求,也有较高水平的大学先修课和荣誉班。

AP 课程设置：艺术史、美国历史、拉丁语、美国政府与政治、欧洲历史、生物学、法语和文化、宏观经济学、乐理、物理 B、西班牙语和文化、化学、统计学、英国文学、英语和作文、微积分 AB、微积分 BC、德语和文化。

运 动 队：冰球队、田径队、游泳队、英式足球队、越野队、篮球队、高尔夫球队、曲棍球队、垒球队、网球队、水球队、棒球队。

社　　团：国际象棋社、法语社、德语社、历史社、数学组、模特社、新闻报社、西班牙语社、舞台表演社、技术社、爵士社、环境科学社。

历届学生去向：哈佛大学、普林斯顿大学、耶鲁大学、宾夕法尼亚大学、哥伦比亚大学、芝加哥大学、杜克大学、达特茅斯学院、约翰·霍普金斯大学、康奈尔大学、埃默里大学、莱斯大学、威廉和玛丽学院、纽约大学、宾州州立大学、波士顿大学、科罗拉多大学、美利坚大学、密歇根大学。

156. The Purnell School(潘乃尔学校)

网　　址：www.purnell.org

所 在 州：新泽西州(New Jersey)

地　　址：51 Pottersville Road Pottersville，NJ07979

招生范围：9—12 年级

学生人数：女生 100 人

入学要求：SWISC 和 TOEFL 成绩、教师推荐信、学校成绩单、面试。

2019 年学费：US $73 400(外国学生寄宿部)

学校简介：这是一所小型的私立女子学校,建校于 1963 年。学校致力于培养学生做决定的能力和自主性,尽量创造出宽松而有活力的学习环境。课程设计注重于跨学科教学理论的应用,使学科之间能融会贯通。学校采用小班制教学,每班人数只有 9 人。学校的其他课程还包括有密集训练的艺术和表演课及海外学习课程等。

运 动 队：篮球队、垒球队、英式足球队、网球队、瑜伽队、长曲棍球队、垒球队、骑马队。

社　　团：环保社、马术社、中文交流社、时尚设计社、学生会、电影社、音乐社、唱诗班、爵士舞俱乐部、钢琴社、吉他社。

历届学生去向：波士顿学院、加州大学洛杉矶分校、科罗拉多大学、费城大学、奥尔布赖特学院、卡耐基梅隆大学、凯尼恩学院、雷克福瑞斯特学院、密西西比州立大学、视觉艺术学院、华格那学院、海波因特大学、默兰伯格学院。

157. New Mexico Military Institute(新墨西哥军事学院)

网　　址：www.nmmi.edu

所 在 州：新墨西哥州(New Mexico)

地　　址：101 W. College Bivd Rosewell，NM88201

招生范围：9—12 年级

学生人数：962 人

入学要求：TOEFL 成绩、学校成绩单、学校入学考试成绩、行为记录(必须无不良记录)、面试。

2019 年学费：US $26 028(外国学生寄宿部)

学校简介：这是一所建校于 1891 年,具有 100 多年历史的大学和高中合校的军事学校,是为高等军事学院输送人才的最好寄宿学校。该校的办学方针是致力于训练学生自信心、纪律性和领导才能。学校的师资充足,学生和教师比例为 8∶1。培养目标是使每一个学生都能注重脑力、体力及精神平衡,强调学生在学科、公共服务和个体的全面发展。学校开设有暑期班。该校有 87％ 的学生读完大学毕业后获得学位。虽然是军事学院,但并不一定要求学生毕业后当兵参军。学校拥有先进的计算机中心、图书馆、高尔夫球场。

运 动 队: 网球队、英式足球队、高尔夫球队、排球队、棒球队、足球队、游泳队、田径队、越野队。

社 团: 国际象棋俱乐部、合唱团、戏剧社、爵士乐队、信息技术社、墨西哥俱乐部、公共演讲及辩论社、瑜伽俱乐部、杂志社、滑冰俱乐部。

历届学生去向: 亚利桑那州立大学、贝勒大学、科罗拉多州立大学、新墨西哥州立大学、圣地亚哥州立大学。

158. Darrow School(达罗学校)

网 址: www.darrowschool.org

所 在 州: 纽约州(New York State)

地 址: 110 Darrow Road New Leanon,NY12125

招生范围: 9—12 年级

学生人数: 122 人

入学要求: 学校成绩单、教师推荐信、面试。

2019 年学费: US $59 740(外国学生寄宿部)

学校简介: 这是一所大学预备私立中学,建校于 1932 年。学科设置强调动手能力,通过动手实践加深对知识理解以及培养学生独立的学习能力。师资充足,学生与教师比例是 4:1,采用小班教学。学校建立顾问与学生的互勉体系、辅导课和一对一的补习课。学校新近落成的山姆逊环境中心成为学校的重要标志,新设置的联通网络使课室和科学实验室相联。学校另外还开设英语为第二语言课程(ESL)、大学预科及为患注意力缺失症和有学习障碍的学生而设的特殊教育班。

运 动 队: 垒球队、网球队、英式足球队、马术队、篮球队、滑冰队、棒球队、越野队、滑板队。

社 团: 电影社、音乐社、学生会、户外教育社、滑冰及滑板社、摄影小组、文艺杂志小组、美食委员会、击剑社、剪报小组、木艺小组、唱诗班、侦探小组。

历届学生去向: 波士顿大学、巴德学院、乔治华盛顿大学、宾州州立大学、圣爱德华大学、圣约翰大学、加州大学、科罗拉多大学、华盛顿大学。

159. Emma Willard School(埃玛威莱特学校)

网 址: www.emmawillard.org

所 在 州：纽约州(New York State)

地　　址：285 Pawling Avenue，Troy，NY12180

招生范围：9—12 年级

学生人数：女生 286 人

入学要求：SSAT 和 TOEFL 成绩、SAT 成绩。

2019 年学费：US ＄63 990(外国学生寄宿部)

学校简介：这是一所建校于 1814 年,有 200 多年历史的私立女子学校。学校课程设置以升大学为导向,除基础课程外,还有多门 AP 课程。学校采用小班、圆桌型教学方法。学校的体育运动队非常具有竞争力,舞蹈课、管弦乐、视觉和表演艺术课程也是学校的重要课程。学校设备先进的科学中心在 1996 年启用,海伦水族馆、比赛规格泳池和现代设备的健身房则在 1998 年启用。

AP 课程设置：物理 B/C、微观经济学、宏观经济学、英国文学、英语和作文、中文与文化、化学、统计学、西班牙语和文化、拉丁文学、拉丁语、法语和文化、欧洲历史、计算机科学 AB、计算机科学 A、微积分 AB/BC、生物学、艺术史。

运 动 队：排球队、垒球队、曲棍球队、网球队、英式足球队、游泳队、田径队、篮球队。

社　　团：写作辅导社、滑冰社、演讲辩论社、模特社、科学社、文学杂志社、爵士乐队。

历届学生去向：耶鲁大学、麻省理工学院、达特茅斯学院、西北大学、约翰·霍普金斯大学、康奈尔大学、布朗大学、纽约大学、塔夫茨大学、波士顿大学、波士顿学院、美利坚大学。

160. The Gow School(格奥学校)

网　　址：www.gow.org

所 在 州：纽约州(New York State)

地　　址：2491 Emery Road South Wales，NY14139

招生范围：7—12 年级

学生人数：151 人

入学要求：特殊教育测试、面试。

2019 年学费：US ＄65 500(外国学生寄宿部)

学校简介：建校于 1926 年,由格奥先生创办,他的办校理念是用更好的教学方法来帮助学业上不够成功的学生。学校专门招收被医生诊断为有阅读障碍或其他语言障碍的男学生,但这些学生的成绩必须达到或超出平均水平且没有行为和情绪问题。学校采用超小班教学,每班学生 5 人,每个学生都能得到充分的指导。课程设置除基本课程外,还注重写作和数学的纠正治疗课。该校入读大学率为 100％,有些甚至可以进入康奈尔等常春藤大学。

AP 课程设置：微积分。

运 动 队：越野队、曲棍球队、排球队、网球队、英式足球队、高尔夫球队、篮球队、马术队、滑板队、滑冰队。

社　　团：国际象棋社、高尔夫俱乐部、户外活动社。

历届学生去向：波士顿大学、波士顿学院、迈阿密大学、宾州州立大学、史密斯学院、南加州大学。

161. Hackley School (哈克莱学校)

网　　址：www.hackleyschool.org

所 在 州：纽约州 (New York State)

地　　址：293 Benedict Avenue，Tarrytown，NY10591

招生范围：幼儿园—12 年级

学生人数：784 人 (男生 398 人，女生 386 人) (住宿部 32 人，日间部 752 人)

入学要求：ISEET 或 SSAT 成绩、学校成绩单、教师推荐信、面试。

2019 年学费：US $61 675 (外国学生寄宿部)

学校简介：该校建于 1899 年，是规模较大的私立学校。招生范围是幼儿园到高中 12 年级，主要招收日间部学生和少数五天寄宿生，五天寄宿部从 8 年级开始招生。课程以大学预备为主，设置严谨。学校有特定的指引准则及纪律要求，与此同时，学校也并没有忽略学生的个性发展。学生毕业后可进入常春藤盟校和其他高知名度大学。学校的设施有图书馆、表演艺术中心、计算器中心、网球场、摄影艺术和陶瓷作坊、篮球场和室内泳池。

AP 课程设置：拉丁文学、西班牙语和文化、西班牙文学、统计学、法语和文化、环境科学、计算机科学 A、微积分 AB、微积分 BC、生物学。

运 动 队：排球队、英式足球队、越野队、篮球队、马术队、滑板队、滑冰队、网球队。

社　　团：高尔夫俱乐部、户外活动社、舞蹈队、国际象棋社、健身社。

历届学生去向：波士顿学院、布朗大学、哥伦比亚大学、乔治城大学、乔治华盛顿大学、哈佛大学、耶鲁大学、宾夕法尼亚大学、纽约大学。

162. The Harvey School (哈维学校)

网　　址：www.harveyschool.org

所 在 州：纽约州 (New York State)

地　　址：260 Jay Street，Katonah，NY10536

招生范围：6—12 年级

学生人数：336 人

2019 年学费：US $53 200（寄宿六至八年级）

学校简介：这是一所中等规模的大学预备中学,建校于 1916 年,1959 年将校址迁至现在的位置。学校招收六至十二年级的学生,大部分上日间部,少数上寄宿部,但寄宿部只有五天。学校注重学生的学业和体能、社交和伦理的平衡发展,强调自尊、自律和与他人交往的能力。学校采用小班教学以利于学生在学业上取得成就和成长,每班学生 10—12 人。学校的先进技术设施也是课堂教学确有成效的因素。学校开设大学先修课和荣誉课给课业超前的学生进修。其运动队也具有相当的竞争力。

AP 课程设置：艺术史、英语和作文、英国文学、物理 B、统计学、欧洲历史、化学、微积分 AB/BC、生物学、微观经济学。

运 动 队：篮球队、马术队、曲棍球队、排球队、英式足球队、越野队、滑板队、网球队、滑冰队。

社　　团：舞蹈队、模特社、国际象棋社、健身社、高尔夫俱乐部、户外活动社、滑板队。

历届学生去向：美利坚大学、波士顿大学、曼哈顿学院、纽约州立大学、詹姆斯麦迪逊大学、加州大学。

163. Hoosac School（胡萨克学校）

网　　址：www.hoosac.org

所 在 州：纽约州（New York State）

地　　址：14 Pine Valley Road，Hoosick，NY12089

招生范围：8—12 年级

学生人数：130 人

入学要求：学校成绩单、教师推荐信、面试。

2019 年学费：US $52 000（外国学生寄宿部）

学校简介：这是一所小型的私立寄宿学校,建校于 1889 年。该校与学生互动紧密,高度个性化的教学特色可以保证学生得到注意,教师可以根据学生个人特色施教。课程设置以升大学为目的,除了基本的大学预备课程外,还开设大学先修课。学校师资充足,学生与教师的比例是 6∶1。学校的重要设施包括科技实验室、有室内泳池的体育中心、天文台和艺术中心。该校的运动队阵容强大,尤其是冰球、足球和长曲棍球等队。其他课外活动还有野营、登山自行车、滑雪和滑板等项目。

AP 课程设置：英语和作文、美国历史、微积分 AB、艺术史。

运 动 队：篮球队、足球队、棒球队、高尔夫球队、网球队、田径队、曲棍球队、冰球队。

社　　团：钓鱼俱乐部、合唱社、汽车俱乐部、文学杂志社、莎士比亚社、戏剧社、年刊。

历届学生去向：美利坚大学、巴特学院、波士顿学院、卡尔顿学院、埃默里大学、曼哈顿学院。

164. The Kildonan School(奇多南学校)

网　　址：www.kildonan.org

所 在 州：纽约州(New York State)

地　　址：425 Morse Hill Road，Amenia，NY12501

招生范围：5—12 年级

学生人数：79 人

入学要求：阅读困难诊断证明、智力测试 100 分以上证明、韦斯利智力测试、学校成绩单、面试。

2019 年学费：US $75 000(外国学生寄宿部)

学校简介：这是一所专门招生有阅读和写作障碍学生的特殊教育私立学校,建校于 1969 年。学生在此修读一般的传统课程,采用小班教学,在一对一的辅导过程中发展学生的学习技巧。学生必须参加由教师督导的晚自修课,所有的教师都通过奥顿格苓汉教育法的严格训练。每个学生都被要求参加校际运动队或个别运动。学校也开设大学预科班、为患有注意力缺失症及有学习障碍的学生设立特殊教育班和暑期学校。

运 动 队：网球队、曲棍球队、滑板队、马术队、花式滑冰队、山地自行车队、英式足球队、篮球队。

社　　团：骑马社、滑雪滑板项目组、学生会、音乐社、艺术社、电影社。

历届学生去向：科罗拉多大学、艾菲尔大学、埃默里大学、美利坚大学、亚当州立大学。

165. Maplebrook School(枫树溪学校)

网　　址：www.maplebrookschool.org

所 在 州：纽约州(New York State)

地　　址：5142 Route 22 Amenia，NY12501

招生范围：11—18 岁

学生人数：114 人

入学要求：各项智力及学习能力测试结果、学校成绩单、面试。

2019 年学费：US $68 000(外国学生寄宿部)

学校简介：这是一所特殊教育学校,建校于 1945 年,招收有学习障碍、注意力缺失及认知能力较低的学生,每年只收 25 名学生。学校采用小班教学,每班人数为 8 人,个别辅导课都采用多感官教学技巧和学习方式。晚自修课程也高度配合教学及学生的需求。辅导教师提供给学生每周一次的定期心理辅导,强化学生的社交技巧和生活技巧,培养他们的自尊心。学校的重要设施包括体育馆、网球场、室内泳池、跑马场、健身中心和学生活动中心。学校另外还开设英语为第二语言课程、五天寄宿课程和暑期学校。

运 动 队:棒球队、篮球队、越野队、高尔夫球队、羽毛球队、摔跤队、皮划艇队、马术队、钓鱼队。

社 团:自行车社、游泳社、健身社、潜水社、登山社、皮划艇社、举重社。

历届学生去向:威廉和玛丽学院、曼哈顿学院、乔治城大学。

166. The Masters School(名家学校)

网 址:www.mastersny.org

所 在 州:纽约州(New York State)

地 址:49 Clinton Avenue Dobbe Ferry, NY10522

招生范围:日间部:5—12 年级

寄宿部:9—12 年级

学生人数:475 人

入学要求:学校成绩单、推荐信、面试。

2019 年学费:US $72 000(外国学生寄宿部)

学校简介:这是一所大学预备私立中学,建校于 1970 年。该校共设 160 门课,其中 150 门为大学先修课。学校采用哈根尼斯的教学法,以确保每个学生都有均等机会参与教学过程。各科设有荣誉课,课堂使用便于学生充分参与研讨的椭圆形课桌,鼓励学生积极参与。

AP 课程设置:化学、艺术工作坊、物理 C、英国文学、英语和作文、中文与文化、统计学、西班牙语和文化、西班牙文学、物理 B、乐理、拉丁文学、法语和作文、欧洲历史、微积分 AB、微积分 BC、生物学、艺术史、美国历史。

运 动 队:棒球队、田径队、垒球队、曲棍球队、网球队、英式足球队、高尔夫球队、越野队、篮球队、排球队。

社 团:法语社、诗社、模特社、电影社、国际社、西班牙语社、学生活动中心、舞蹈社。

历届学生去向:哈佛大学、普林斯顿大学、耶鲁大学、加州理工大学、麻省理工学院、宾夕法尼亚大学、哥伦比亚大学、芝加哥大学、杜克大学、达特茅斯学院、西北大学、华盛顿大学、康奈尔大学、布朗大学、莱斯大学、加州大学伯克利分校、纽约大学、波士顿学院。

167. Millbrook School(磨坊溪学校)

网　　址：www.millbrook.org

所 在 州：纽约州(New York State)

地　　址：131 Millbrook School Road，Millbrook，NY12546

招生范围：9—12 年级

学生人数：293 人

入学要求：学校成绩单、教师推荐信、SSAT 或 TOEFL 成绩、面试。

2019 年学费：US $65 225(外国学生寄宿部)

学校简介：这是一所中型的大学预备学校，建校于 1931 年。学校秉承的教学宗旨是鼓励学生在学业、道德及体育各方面全面发展，希望学生成为坚强、健康并关爱这个世界的公民。课程设置严谨并强调对他人及对自然世界的奉献精神。磨坊溪学校是唯一一所拥有两座可观察和研究的自然设施的学校，有一座经美国动物协会认可并嘉许的动物园和一条森林大道。该校 80 000 平方英尺的磨坊体育中心于 1996 年建成，新近落成的艺术中心也是该校的重要设施。学校的运动队具有较强的竞争力。

AP 课程设置：微积分 AB/BC、生物学、化学、数码记录、绘画、摄影、物理、法语、油画、西班牙语、英语和作文、英国文学、法语和作文、西班牙语和作文。

运 动 队：越野队、冰球队、马术队、网球队、垒球队、曲棍球队、高尔夫球队、篮球队、棒球队。

社　　团：书籍社、环境科学社、宿管部、戏剧社、健身社、爵士社、新闻社、学生会、模特社、文学杂志社、登山社、骑车社。

历届学生去向：约翰·霍普金斯大学、康奈尔大学、埃默里大学、圣母大学、南加州大学、维克森林大学、纽约大学、威廉和玛丽学院、波士顿学院、乔治亚理工大学、波士顿大学、乔治华盛顿大学、雪城大学、科罗拉多大学、特拉华大学。

168. New York Military Academy(纽约军事学校)

网　　址：www.nyma.org

所 在 州：纽约州(New York State)

地　　址：78 Academy Ave. Cornwall on Hudson，NY12520

招生范围：7—12 年级

学生人数：120 人

入学要求：SSAT/OTIS-Lennon/TOEFL 成绩、学校成绩单、教师推荐信、面试。

2019 年学费：US $44 160（外国学生寄宿部）

学校简介：这是一所要求严格的大学预备中学,建校于 1889 年,是少数获陆军部最高排名奖和荣誉单位的军事学校。这些荣誉使学校能够直接向美国的军事学院推荐学生。该校学生除了学习带挑战性的大学预备课程外,还要接受严格的军事素质训练。学校注重营造良好的学习环境,包括开设大学先修课,采用小班教学。学校注重通过军事化的训练发展学生的领导才能。

AP 课程设置：环境科学、世界历史、微积分 AB、化学、英语和作文、英国文学、物理B、统计学、美国历史、生物学。

运 动 队：足球队、高尔夫球队、英式足球队、游泳队、排球队、田径队、曲棍球队、马术队、越野队、篮球队、棒球队、网球队。

社 团：乐队、冰球队。

历届学生去向：哈佛大学、宾州州立大学、纽约州立大学石溪分校、科罗拉多大学、霍斯佛大学、波士顿学院、佛罗里达大学、拉菲也学院、杜克大学、曼哈顿学院、纽约大学、长岛大学。

169. North Country School(北国学校)

网 址：www.northcountryschool.org

所 在 州：纽约州(New York State)

地 址：4382 Cascade Road, Lake Placid, NY12946

招生范围：4—9 年级

学生人数：90 人

入学要求：学校成绩单、教师推荐信、韦斯利智力测试成绩、面试。

2019 年学费：US $65 550（外国学生寄宿部）

学校简介：这是一所私立寄宿初中,建校于 1938 年,建校之初只招收 6 名学生,至今也坚持小规模办学的原则。招生对象是四年级至九年级的学生。学校注重动手实践的教学理论、户外教学和营造家庭式生活的气氛。学校有充足的师资,学生与教师的比例为3∶1,可为学生提供 24 小时的日常生活和学业的照顾和帮助。学校将滑雪、爬山、野营、骑马、艺术和手工作为课程的一部分,以培养学生的自立能力及自尊心。九年级学生会有一个学期离校选读一门外国文化课的机会,以加强他们的外语能力。

运 动 队：滑冰队、英式足球队、篮球队、山地自行车队、滑板社。

社 团：艺术俱乐部、音乐社、学生会、电影社。

历届学生去向：埃文老农场学校、布莱尔学院、伯克希尔学校、乔特罗斯玛丽中学、布鲁斯特学院、布鲁克斯学院、库欣学院、肯特学校。

170. Northwood School（北林学校）

网　　址：www.northwoodschool.org

所 在 州：纽约州（New York State）

地　　址：92 Northwood Road，Lake Placid，NY12946

招生范围：9—12 年级

学生人数：181 人

入学要求：SSAT 成绩、面试。

2019 年学费：US ＄62 000（外国学生寄宿部）

学校简介：这是一所小型的寄宿学校，建校于 1905 年。该校的课程设计注重大学预备需求，要求每门课都达到标准。学校设有大学先修课，且各科有荣誉课。学校的独特环境造就了学生对户外教育的钟爱。学校还安排学生积极参与社区服务和文化交流项目。学校的基本运动项目包括滑雪比赛、冰球、长曲棍球、足球、排球和排名在先的野外技术项目。学校拥有两个室内网球场、一个室内攀爬墙面、一个设备先进的健身中心，90％的宿舍是单人房。学校另外还开设英语为第二语言课程（ESL）、大学预科班、特殊教育课程。

AP 课程设置：美国历史、法语和文化、微积分 BC、统计学。

运 动 队：滑冰队、滑板队、网球队、曲棍球队、冰球队、英式足球队、花样滑冰队、攀岩队。

社　　团：学生会、阅读社、新闻社。

历届学生去向：哈佛大学、普林斯顿大学、布朗大学、波士顿学院、伊利诺伊大学、宾州州立大学、普渡大学、艾姆赫斯特学院、斯基莫尔学院。

171. Oakwood Friends School（橡木之友学校）

网　　址：www.oakwoodfriends.org

所 在 州：纽约州（New York State）

地　　址：22 Spackenkill Road oughkeepsie，NY12601

招生范围：6—12 年级

学生人数：180 人

入学要求：需要 TOEFL 成绩或需要通过学校的英文水平测试、面试。如果 TOEFL 成绩较低，可先进入学校的美语学院进行密集性英语训练。

2019 年学费：外国学生寄宿部：US ＄53 476（6—8 年级）

US ＄59 572（9—12 年级）

学校简介：该校创建于1858年,已有一个半多世纪的历史。学校保持奎克教派的传统——忍耐、平等和对人的尊重。课程设置以大学预备课程为主,另设有各学科的大学先修课。教师除负责教学外,也负责在宿舍照顾、指导学生的日常生活。学校采用小班教学,使学生易于获得个性化的指导,以学生为学习中心。大学辅导项目可使学生顺利进入志愿学校。学校鼓励学生参与社区活动和体育运动。学校的视觉和表演艺术也相当出名。该校也开设大学预科班。

AP 课程设置：生物学、微积分 AB、微积分 BC、化学、英国文学、统计学。

运 动 队：网球队、排球队、英式足球队、篮球队、垒球队、越野队、棒球队。

社　　团：健身社、舞蹈队、国际象棋社、瑜伽社、学生会、模特社、国际学生俱乐部。

历届学生去向：埃默里大学、加州大学洛杉矶分校、密歇根大学、波士顿学院、乔治亚理工大学、加州大学圣地亚哥分校、罗切斯特大学、威斯康辛大学、华盛顿大学、宾州州立大学、得克萨斯大学、迈阿密大学、匹兹堡大学、雪城大学、印第安纳大学、美利坚大学、爱荷华大学、佛蒙特大学。

172. The Stony Brook School(石溪学校)

网　　址：www.sbs.org

所 在 州：纽约州(New York State)

地　　址：1 Chapman Parkway, Stony Brook, NY11790

招生范围：7—12 年级

学生人数：351 人

入学要求：学校成绩单、推荐信、面试。

2019 年学费：US $60 700

学校简介：石溪学校建校于1922年,有近百年历史,曾获得美国中区院校委员会和纽约州评议委员会的嘉奖,是一所包含七年级至十二年级的综合中学。学校规模中等,注重学生个性和领导才能的培养。课程设置严谨,除基本学科外,有13门大学先修课及各科荣誉班,还开设艺术课、参赛运动课、圣经学习课和各种领导才能培训课。学校开设大学先修课、自学课程及完整的动手实践课。学校另外开设英语为第二语言课程(ESL)。学校拥有22支运动队、戏剧艺术会社、国际俱乐部,其他课外活动包括在纽约市旅游、野营、划独木舟等。

AP 课程设置：环境科学、法语、拉丁语、西班牙语、美国历史、物理 B、艺术工作坊、英语、化学、统计学、心理学、欧洲历史、微积分 AB/BC、生物学。

运 动 队：足球队、田径队、帆船队、篮球队、排球队、网球队、英式足球队、越野队、高尔夫球队、棒球队。

社　　团：技术社、合唱社、数学组、宿管部、国际象棋社。

历届学生去向：哈佛大学、耶鲁大学、华盛顿大学、约翰·霍普金斯大学、康奈尔大学、布朗大学、埃默里大学、加州大学伯克利分校、乔治城大学、南加州大学、纽约大学、宾州州立大学、卫斯理学院、汉密尔顿学院。

173. Storm King School(史坦金学校)

网　　址：www.sks.org

所 在 州：纽约州(New York State)

地　　址：314 Mountain Road Crnwall-on-Hudson，NY12520

招生范围：8—12 年级

学生人数：140 人

入学要求：学校成绩单、推荐信、面试。

2019 年学费：US $61 700(外国学生寄宿部)

学校简介：这是一所建校于 1867 年的中小型大学预备学校。学校注重营造以升学为主导的学习氛围,采用小班教学,每班 10 个学生。课程设置严谨,学校得到福特基金会的赞助,得以加强各项教育课程。学校成功培养了来自全美 19 个州和 19 个其他国家的学生。学校的重要设施包括新建的美术中心、200 个座位的表演艺术中心、学习中心、新建男宿舍、计算机中心。课外活动有戏剧、野外活动等,旨在锻炼学生的意志、体能和团体精神,运动队也着重于增强纪律性和团体精神。

AP 课程设置：统计学、计算机科学 A、宏观经济学、英语和作文、心理学、物理 B、艺术工作坊、艺术史。

运 动 队：篮球队、越野队、曲棍球队、垒球队、高尔夫球队、排球队、网球队、英式足球队。

社　　团：健身社、电影社、攀岩社、环境科学社、学生会、滑板社。

历届学生去向：美利坚大学、巴特学院、波士顿大学、印第安大学、纽约大学、宾州州立大学、丹佛大学、华盛顿大学、纽约大学、波兰州立大学。

174. St. Thomas Choir School(圣汤玛士学校)

网　　址：www.choirschool.org

所 在 州：纽约州(New York State)

地　　址：202 W. 58th Street New York，NY10019 - 1406

招生范围：3—8 年级

入学要求：学校成绩单、推荐信、面试。

2019 年学费：US $16 500(外国学生寄宿部)

学校简介：这是美国唯一的圣公会寄宿初中男校，建校于 1919 年。该校拥有世界知名的诗歌合唱团，每年举办音乐会、年度巡回演出等。学生在校要完成各项带挑战性的日常学科课程和体育运动课程。学校举办校际比赛，并要求每个学生参与体育运动。入学学生需要有一定音乐天分，但不需要经过专业训练。学校提供奖学金给有需要的学生。学校也为患有注意力缺失症和有学习障碍的学生开设特殊教育课程。

运 动 队：篮球队、英式足球队、垒球队、棒球队。

社　　团：钢琴社、合唱团、铜管乐队。

历届学生去向：巴德学院、乔治城大学、皇后学院、曼哈顿学院、纽约大学。

175. Trinity-Pawling School(千里达波玲学校)

网　　址：www.trinitypawling.org

所 在 州：纽约州(New York State)

地　　址：700 Route 22，Pawling，NY12564

招生范围：9—12 年级

学生人数：325 人

入学要求：成绩单、英语及数学教师推荐信、简历、标准入学考试。

2019 年学费：US $62 000(外国学生寄宿部)

学校简介：这是美国私立寄宿名校之一的传统大学预备男校。学校的办学方针是"支持及鼓励"。学校招收友善、有志气且具有多种能力和兴趣的学生，在各门主科中都设有大学先修课。学校强调出色的学习成绩，并给予学生充分支持，鼓励学生积极参与学校的每项活动。学校新近建筑包括全面翻新的地标建筑库鲁亦大楼，新建的五个国际标准的橡皮球及网球场以及新科技楼。

AP 课程设置：拉丁语、欧洲历史、统计学、化学、英语和文化、微观经济学、微积分AB/BC、环境科学、乐理、物理 B、物理 C、美国历史、英国文学、法语和文化、计算机科学A、生物学、艺术史。

运 动 队：棒球队、高尔夫球队、曲棍球队、垒球队、网球队、篮球队、冰球队、英式足球队、田径队、足球队、越野队、马术队。

社　　团：国际象棋俱乐部、音乐会俱乐部、玩具社、爵士乐队、模特社、学生活动中心、学生会、环保社、乒乓球社。

历届学生去向：波士顿学院、埃默里大学、纽约大学、普渡大学、波士顿大学、迈阿密大学、皇后学院、圣约翰大学。

176. The Asheville School(艾希维尔学校)

网　　址：www.ashevilleschool.org

所 在 州：北卡罗来纳州(North Carolina)

地　　址：360 Asheville School Road，Asheville，NC28806

招生范围：9—12 年级

学生人数：285 人

入学要求：SSAT 和 TOEFL 成绩、学校成绩单、英文及数学教师推荐信、面试。

2019 年学费：US $60 525(外国学生寄宿部)

学校简介：这是一所建校于 1900 年，已有 100 多年历史的私立学校。学校有多门大学先修课程，各科开设有荣誉课程。学校鼓励学生认真读书，注重培养有效的学习习惯。每个在校学生都有自己的房间和互联网装备。学校开设的其他课程有大学预科班和暑期班课程。

AP 课程设置：物理 B、物理 C、美国历史、统计学、法语和文化、化学、微积分 AB/BC、欧洲历史、乐理、西班牙语和文化、环境科学、生物学、英国文学。

运 动 队：滑冰队、棒球队、英式足球队、攀岩队、山地自行车队、网球队、排球队、曲棍球队、越野队、篮球队、足球队、田径队、游泳队、滑板队、马术队。

社　　团：烹饪俱乐部、合唱团、学生会、年刊、环保社、文学杂志社。

历届学生去向：哥伦比亚大学、杜克大学、华盛顿大学、加州大学伯克利分校、乔治城大学、弗吉尼亚大学、乔治亚理工学院、乔治华盛顿大学、密歇根州立大学、科罗拉多大学、维克森林大学、北卡罗来纳大学、卡尔顿学院。

177. Christ School(克里斯特学校)

网　　址：www.christschool.org

所 在 州：北卡罗来纳州(North Carolina)

地　　址：500 Christ School Road，Arden. NC28704

招生范围：8—12 年级

学生人数：男生 260 人

入学要求：ISEE、SSAT、SAT、PSAT 成绩，学校成绩单，英文教师、数学教师、学校辅导员推荐信各一封，面试或电话面试。

2019 年学费：US $54 335(外国学生寄宿部)

学校简介：这是在美国领先的私立男校，建校于 1900 年。课程设计以大学预备课为主,要求严格,每门主课都开设大学先修课。招收八年级至十二年级成绩表现在中等和以上的学生。学校采用小班教学,每班学生为 10—12 人,每个学生都能得到足够的指导和关注。学校师资雄厚,不少教师毕业于美国著名的常春藤盟校。学校的地理环境使其户外教育项目有优势。学校还开设英语为第二语言课程以帮助有需要的学生。

AP 课程设置: 计算机科学、乐理、美国历史、英国文学、法语和文化、欧洲历史、微积分 AB/BC、英语和文化、西班牙语和文化、物理 B、美国政府与政治、物理 C、统计学、艺术史、拉丁语、生物学、环境科学、化学。

运 动 队: 游泳队、足球队、篮球队、曲棍球队、田径队、高尔夫球队、英式足球队、网球队、越野队。

社　　团: BBQ 俱乐部、拳击社、基督社、滑冰滑板社。

历届学生去向: 南加州大学、佛罗里达州立大学、密西西比大学、宾州州立大学。

178. Saint Mary's School(圣玛莉学校)

网　　址: www.sms.edu

所 在 州: 北卡罗来纳州(North Carolina)

地　　址: 900 Hillsborough Street Raleigh, NC27603 - 1689

招生范围: 9—12 年级

学生人数: 女生 275 人

入学要求: SAT 或 TOEFL 成绩、学校成绩单、教师及学校推荐信、经济来源证明。

2019 年学费: US $54 950(外国学生寄宿部)

学校简介: 该校建校于 1842 年,已有超过一个半世纪的历史。课程设计以大学预备课为主,有多门大学先修课,且有荣誉班,强调各学科的均衡发展。学生采用小班教学,使学生都得到足够的照顾和指导,学生与教师的比例是 7∶1。该校因为没有正式开设英语为第二语言课程,所以国际留学生要求较高的 TOEFL 成绩。

AP 课程设置: 微积分 AB/BC、法语和文化、物理 B、化学、统计学、英语和文化、计算机科学 A、计算机科学 AB、心理学、西班牙语和文化、环境科学、生物学、英国文学、美国政府与政治、美国历史、心理学。

运 动 队: 越野队、游泳队、英式足球队、田径队、高尔夫球队、棒球队、曲棍球队、垒球队、网球队、排球队。

社　　团: 烹饪俱乐部、宿管部、法语社、戏剧社、食品社、图书馆管理社、科学研究社、视觉艺术社、学生会。

历届学生去向: 阿勒格尼学院、阿巴拉契亚州立大学、奥本大学、贝茨学院、波士顿大学、鲍登学院、卡耐基梅隆大学、克里斯托弗新港大学、杜克大学、丹尼森大学、查尔斯顿学院、科尔比学院、贝勒大学。

179. Salem Academy（沙林书院）

网　　　址：www.salemacademy.com

所 在 州：北卡罗来纳州（North Carolina）

地　　　址：500 East Salem Ave Winstone-Salem，NC27101

招生范围：9—12 年级

学生人数：213 人

入学要求：学校成绩单、SSAT 成绩、英文及数学教师推荐信、面试。

2019 年学费：US $49 500（外国学生寄宿部）

学校简介：这是一所中小型的大学预备女子学校，建校于 1772 年，1802 年开设寄宿部，1866 年开设大学部，1930 年大学部与中学部分开。学校非常重视学生的学业、道德和社交等方面潜力的发展。课程设置严谨，设备完善，师资优良。学生提前修完高中大学预备基础课后便可在沙林学院选修大学课程。学校有名的美术课程让学生有机会发挥创作天分。学校每年一月份都可安排学生出国旅行作为校外实习。学校的升大学协助系统每年都为顶尖大学输送不少人才。学校的大多数学生都参与至少一个体育运动队，学生可参加艺术、戏剧、音乐等社团活动，以发挥他们的才能，培养他们的领导才能。

AP 课程设置：统计学、微积分 AB、微积分 BC、英国文学、微观经济学、宏观经济学、西班牙语和文化、美国历史、化学、世界历史、生物学、英语和文化。

运 动 队：排球队、田径队、游泳队、英式足球队、高尔夫球队、篮球队、马术队、网球队、越野队。

社　　　团：文学杂志社、电影俱乐部、法语社、艺术社、拉丁俱乐部、模特社、写作社、学生会、音乐俱乐部、西班牙语社。

历届学生去向：巴顿学院、波士顿学院、波士顿大学、加州大学、杜克大学、佛罗里达南部学院、乔治华盛顿大学、纽约大学、俄亥俄州立大学、宾州州立大学、普渡大学、圣约翰大学。

180. The Andrews Osborne Academy School（安德鲁奥斯本中学）

网　　　址：www.andrewsosbrne.org

所 在 州：俄亥俄州（Ohio）

地　　　址：38588 Mentor Avenue Willoughby，OH44094

招生范围：7—12 年级

学生人数：女生 348 人

入学要求：学校成绩单，ISEE、SSAT 成绩，校长、英文及数学教师推荐信，面试。

2019 年学费：US $53 146（外国学生寄宿部）

学校简介：这是一所私立女子学校。该校建于 1910 年。课程涵盖很广，从基本课到大学先修课都有。学校采用小班教学，使学生享有充分、平等受教育的机会。该校学生大多来自美国本土及墨西哥、亚洲和欧洲各国。学校的新设施包括每座宿舍都有的设备先进的健身中心、骑术教学中心、一座全新天文台。

AP 课程设置：生物学、微积分 AB/BC、西班牙语和文化、英语和文化、英国文学、环境科学、欧洲历史、化学、美国历史、法国文学、物理 C/1/2、电学和磁学。

运 动 队：英式足球队、排球队、游泳队、马术队、篮球队、曲棍球队、垒球队、越野队、棒球队、网球队。

社　　团：艺术部、化学社、数学组、学生会、文学杂志社、戏剧社、手工社、户外活动组。

历届学生去向：西北大学、约翰·霍普金斯大学、康奈尔大学、圣母大学、卡耐基梅隆大学、加州大学洛杉矶分校、北卡罗来纳大学、维克森林大学、波士顿学院、乔治亚理工大学、罗切斯特大学、威斯康辛大学、宾州州立大学、迈阿密大学、波士顿大学、匹兹堡大学。

181. Gilmour Academy（基尔摩书院）

网　　址：www.gilmour.org

所 在 州：俄亥俄州（Ohio）

地　　址：34001 Cedar Road Gates Mills，OH44040 - 9356

招生范围：7—12 年级

学生人数：716 人

入学要求：学校成绩单、ISEE 或 SSAT 或 TOEFL 成绩、面试。

2019 年学费：US $52 700（外国学生寄宿部）

学校简介：这是一所天主教大学预备私立学校，建校于 1946 年，是美国著名大学诺楚德安大学（Notre Dame）的附中。学校强调学生应在学科、道德精神、社会和体能方面一起成长。课程设计非常具有挑战性，90 分钟一堂课，课堂采用苏格拉底的研讨方式，对学生高标准严格要求。学生的成功之道在于他们在做专题论文项目时掌握了批判性思维和解决难题的技巧。学校有溜冰场和家庭式的宿舍，另设有英语为第二语言课程和五天寄宿部。

AP 课程设置：微积分 AB/BC、计算机科学 A、计算机科学 AB、欧洲历史、法国和文化、拉丁文学、西班牙语和文化、西班牙文学、艺术史、生物学。

运 动 队：越野队、足球队、高尔夫球队、网球队、英式足球队、排球队、篮球队、冰球队、游泳队、棒球队、曲棍球队、垒球队、田径队。

社　　团：吉他社、科学小组、钢琴社、合唱团、国际象棋俱乐部、滑冰社、学生会、演讲辩论社、辅导社、投资部、艺术部、音乐社、年刊、环保社、戏剧社、韩语社。

历届学生去向：布朗大学、耶鲁大学、卡耐基梅隆大学、芝加哥大学、哥伦比亚大学、康奈尔大学、达特茅斯学院、杜克大学、乔治城大学、约翰·霍普金斯大学、麻省理工学院、宾夕法尼亚大学、普林斯顿大学、斯坦福大学、华盛顿大学、加州大学伯克利分校。

182. The Grand River Academy(大河书院)

网　　址：www.grandriver.org

所 在 州：俄亥俄州(Ohio)

地　　址：3042 College Street Austinburg，OH44010

招生范围：8—12 年级

学生人数：男生 110 人

入学要求：学校成绩单、TOEFL 成绩、推荐信、面试。

2019 年学费：US $49 100(外国学生寄宿部)

学校简介：该校建于 1831 年,已有 188 年历史,是美国少有的非军事、非宗教却有较大成功的私立男校。学校采取小班教学。课程设置是以大学预备为考虑,学校更看重的是学生在学业上成功的能力。基础课以外的课程包括戏剧、出版、艺术、摄影和各种校际运动。学校还开设英语为第二语言课程、大学预科班、为患有注意力缺失症和有学习障碍的学生而设的特殊教育班、五天寄宿部和暑期学校。

AP 课程设置：西班牙语、英国文学、美国政府与政治、物理 B、微积分 AB。

运 动 队：英式足球队、网球队、篮球队、越野队、游泳队、保龄球队、高尔夫球队、曲棍球队、棒球队。

社　　团：吉他社、电影社、服务社、电脑社、自行车社、摄影社、钓鱼社、游戏俱乐部、滑雪活动中心。

历届学生去向：伍斯特学院、联合山学院、宾州州立大学、西北大学、威登堡大学、梅西赫斯特学院、密歇根州立大学、纽约大学、俄亥俄州立大学、伊利诺伊大学、普渡大学、雪城大学、克拉克森大学、迈阿密大学。

183. Olney Friends School(奥尔尼之友学校)

网　　址：www.olneyfriends.org

所 在 州：俄亥俄州(Ohio)

地　　址：61830 Sandy Ridge Road Barnesville，OH43713

招生范围：9—12 年级

学生人数：47 人

入学要求：学校成绩单、统考成绩、教师或学校推荐信、面试。

2019 年学费：US $35 500（外国学生寄宿部）

学校简介：这是一所由保守的奎格教派创建于 1837 年的小型私立学校，很重视宗教课程教学。学校秉持简朴、非暴力、无等级歧视、尊重别人、自觉的奎格教派的宗教理念，鼓励学生要有批判性思维并主动表达自己的意见，使学生更有效地与别人沟通并勇于承担责任。学校的课程设置以大学预备为考虑，要求学生多参与动手实践，也要求来自不同背景的学生能关心周围的环境和自然资源。课程分为基础学科、社会实践、服务和宗教四个部分。学校还开设英语为第二语言课程（ESL）和五天寄宿部。

AP 课程设置：美国历史、微积分 AB、物理 B、西班牙语。

运　动　队：英式足球队、篮球队。

社　　团：学生会、排球社、跑步社、农场组织、合唱团、瑜伽社、篮球社、足球社。

历届学生去向：布兰代斯大学、俄亥俄大学、西雅图大学、佩斯大学、里德大学、波士顿学院、波士顿艺术学院、艾伦大学、常青藤州立大学、大西洋学院、俄亥俄卫斯理大学、威尔森学院、维滕贝格学院、伊利诺伊大学。

184. Western Reserve Academy（西部预备书院）

网　　址：www.wra.net

所　在　州：俄亥俄州（Ohio）

地　　址：115 College Street Hudson，OH44236

招生范围：9—12 年级

学生人数：404 人

入学要求：学校成绩单，SSAT，PSAT 成绩，教师推荐信，申请表格。

2019 年学费：US $60 850（外国学生寄宿部）

学校简介：这是一所中偏大型的私立寄宿学校，建于 1826 年。2001 年被美国权威杂志《美国新闻》评选为 20 所最好的寄宿学校之一。学校的课程设置以升大学为考虑，但在基本课程之外，开设各科的大学先修课。

AP 课程设置：欧洲历史、西班牙语和文化、统计学、宏观经济学、微观经济学、微积分 AB、微积分 BC、化学、美国历史、艺术史、比较政府与政治、拉丁语、英语和文化、法语和文化、德国和文化、中文与文化、生物学、物理 B。

运　动　队：越野队、冰球队、垒球队、跳水队、足球队、篮球队、排球队、网球队、棒球队、高尔夫球队、曲棍球队、英式足球队、游泳队、田径队。

社　　团：时尚俱乐部、艺术俱乐部、国际象棋俱乐部、辩论社、法语社、投资社、爵士社、戏剧社、学生会、西班牙语俱乐部、瑜伽社。

历届学生去向：芝加哥大学、杜克大学、华盛顿大学、约翰·霍普金斯大学、康奈尔大学、埃默里大学、范德比尔特大学、维克森林大学、纽约大学、威廉和玛丽学院、佛罗里达大学、迈阿密大学、乔治·华盛顿大学、俄亥俄州大学、波士顿大学。

185. Orego Episcopal School(奥立根教区学校)

网　　址：www.oes.edu

所 在 州：奥立根州(Oregon)

地　　址：6300 SW Nicol Road Portland，OR97223 - 7566

招生范围：日间部：幼儿园—12 年级

寄宿部：9—12 年级

学生人数：868 人

入学要求：学校成绩单(成绩需在 B 以上)、TOEFL 成绩、教师推荐信、面试。

2019 年学费：US $65 100(外国学生寄宿部)

学校简介：这是一所教会私校,但招收不同国籍、不同宗教信仰、不同观点、有各种才能的学生。学校乐于招收那些勇于面对挑战,能在严格要求的环境下成绩卓越、有天分和有学习动机的学生。学校的文科项目较强,科学课程也相当出色,学生的科研项目由当地的科学家亲自指导。到目前为止,学校已有数名学生获得了荣誉青少年诺贝尔奖的英特尔全国科学天才研究奖(前西屋奖)。

AP 课程设置：微积分 AB/BC、统计学、美国历史、西班牙语和文化、法语和文化、计算机科学 A。

运 动 队：花样滑冰队、滑板队、篮球队、网球队、田径队、曲棍球队、越野队、排球队、英式足球队、高尔夫球队。

社　　团：舞蹈队、报社、学生会、模特社、创意设计社。

历届学生去向：哈佛大学、耶鲁大学、加州理工大学、麻省理工学院、斯坦福大学、宾夕法尼亚大学、杜克大学、西北大学、华盛顿大学、约翰·霍普金斯大学、康奈尔大学、布朗大学、埃默里大学、莱斯大学、弗吉尼亚大学、纽约大学、波士顿学院。

186. Carson Long Military Institute(卡森隆军事学校)

网　　址：www.carsonlong.org

所 在 州：宾夕法尼亚州（Pennsylvania）

地　　址：200 North Carlisle Street，New Bloomfield，PA17068

招生范围：6—12 年级

学生人数：男生 962 人

入学要求：体检、学校成绩单、推荐信、面试。

2019 年学费：US $40 500（外国学生寄宿部）

学校简介：这是一所采用军事训练方式的男校，招收六年级至十二年级的男生，已有近 170 年的历史，享有盛誉。学校不收有过不良记录如被捕、被开除、被控罪等的学生。办学方针是在体育、智育和德育各方面教育学生如何学习、劳作和生活，并且敢于公开发言，目标是创造有效率的学习环境，为大学和今后的生活做准备。课程设置是具有挑战性的大学预备课，除基本课程外，还设有大学先修课和荣誉课。采取小班教学，每班人数 13 人，学生教师比例为 9：1。

运 动 队：网球队、排球队、英式足球队、田径队、游泳队、足球队、越野队、棒球队、篮球队。

社　　团：合唱团、国际象棋俱乐部、戏剧社、爵士乐队、摄影社、辩论社、游泳俱乐部、杂志社、瑜伽社、滑冰社、辅导社。

历届学生去向：贝勒大学、加州大学、科罗拉多州立大学、乔治城大学、新墨西哥州立大学、圣地亚哥州立大学。

187. CFS，The School at Church Farm（教会农场学校）

网　　址：www.gocfs.net

所 在 州：宾夕法尼亚州（Pennsylvania）

地　　址：1001 E. Lincoln Hwy Exton, Pennsylvania 19341

招生范围：7—12 年级

学生人数：男生 190 人

入学要求：学校成绩单（成绩需在 B 以上）、SSAT 成绩、三封辅导员推荐信（英文教师、数学教师、辅导员）、面试。

2019 年学费：US $55 000（国际学生住宿部）

学校简介：该校由查尔斯牧师创建于 1918 年，是一所大学预备私立男校，80％为寄宿生。申请该校的学生要经过一定的学科考核。学校的办学宗旨是努力创造良好的学习环境，使学生在知识、身体、情感和道德上平衡发展。每班人数只有 10 人，学生教师比例是 6：1，学生可得到充分的帮助。70％的教师拥有硕士及以上的学位。学校还专门开设大学先修考试的个别辅导课。

AP 课程设置：微积分 AB/BC、生物学、英国文学、美国历史、化学。

运　动　队：越野队、网球队、田径队、英式足球队、高尔夫球队、棒球队、篮球队。

社　　　团：戏剧社、烹饪社、国际象棋俱乐部、艺术俱乐部、电影制作社、数学组、历史剧社、学生会、诗歌社、合唱团、技术俱乐部、钢琴社、文学杂志社。

历届学生去向：波士顿学院、波士顿大学、纽约大学、埃默里大学、乔治华盛顿大学、印第安纳大学、普林斯顿大学、圣约翰大学、旧金山大学、华盛顿学院、约克学院。

188. George School（乔治学校）

网　　　址：www.georgeschoo.org

所 在 州：宾夕法尼亚州（Pennsylvania）

地　　　址：1690 Newtown Langhome Rd，Newtown，PA18940

招生范围：9—12 年级

学生人数：534 人

入学要求：学校成绩单、SSAT 成绩、面试。

2019 年学费：US $61 250（外国学生寄宿部）

学校简介：这是一所奎格教派所属的大学预备学校。建校于 1893 年，已有一百多年历史，最早由乔治·福斯先生在英国建校，后随奎格教会而移校美国。该校特点是学业要求严格，提倡学生积极投入社会公义及强调自我潜力挖掘。学校箴言是"诚信光明"。课程设置涵盖内容很广，开设大学先修课。该校最有名的是其严格的两年学习计划（Two Year Program），一年的美术或表演艺术课是每个学生的必修课。

AP 课程设置：人类地理学、西班牙语言和文化、宏观经济学、微观经济学、艺术工作坊、美国历史、英语和文化、拉丁语、物理 C、统计学、微积分 AB、生物学、化学。

运　动　队：棒球队、篮球队、马术队、曲棍球队、垒球队、网球队、排球队、游泳队、田径队、英式足球队、越野队、游泳队。

社　　　团：烹饪社、拉丁学生社、R&B 乐队社、学生报社。

历届学生去向：哈佛大学、耶鲁大学、麻省理工学院、斯坦福大学、宾夕法尼亚大学、哥伦比亚大学、芝加哥大学、杜克大学、西北大学、华盛顿大学、约翰·霍普金斯大学、康奈尔大学、埃默里大学、圣母大学、加州大学伯克利分校、乔治城大学、密歇根大学。

189. Girard College（吉莱德学校）

网　　　址：www.girardcollege.com

所 在 州：宾夕法尼亚州（Pennsylvania）

地　　址：2101 South College Avenue Philadelphia，PA19121－4897

招生范围：1—12 年级

学生人数：331 人

入学要求：学校成绩单、面试、必须无不良品行记录。

2019 年学费：不收费，只要录取即可享受免费教育。

学校简介：这是一所由一年级至十二年级构成的综合学校，专门招收家庭收入有困难的单亲或双亲家庭的子女。学校分五天寄宿或全寄宿两部分。高中部课程是以大学预备课为主，同时也开设戏剧、音乐、摄影制作和体育课，学校也要求学生积极参与运动队和社区服务。学校在每年 9 月份开学。在开学前的每一学期开始招生，凡年纪在 6—14 岁符合条件的申请人，经过学习成绩考查、有关人士推荐、笔试和面试之后即可获准入学。

运 动 队：英式足球队、篮球队、棒球队、垒球队。

社　　团：艺术部、羽毛球俱乐部、数学组、健身社、戏剧社、国际象棋俱乐部、舞蹈队、瑜伽社、创意写作社、合唱团、韩语社、电影社、网球社。

历届学生去向：芝加哥艺术学院、波士顿学院、威廉和玛丽学院、哥伦比亚大学。

190. The Grier School(格里阿学校)

网　　址：www.grier.org

所 在 州：宾夕法尼亚州(Pennsylvania)

地　　址：2522 Grier School Rd，P. O. Box 308 Tyrone，PA16686－0308

招生范围：7—12 年级

学生人数：292 人

入学要求：学校成绩单、SSAT 或 SLEP 成绩、TOEFL 成绩、面试。

2019 年学费：US $54 500(外国学生寄宿部)

学校简介：这是一所建校于 1853 年的私立学校，已有一个半多世纪历史。学校的箴言是"健全的身体，健全的思想"。学校尽量营造安全良好的学习环境，确保学生在多渠道的课程设置中学习。学校会根据学生的不同水平安排课程。学生每天都要求参与一些艺术课、体育课等的学习。

AP 课程设置：欧洲历史、物理 B、世界历史、微积分 AB、微积分 BC、艺术史、宏观经济学、微观经济学、统计学、英语和作文、化学、西班牙语和文化、美国历史、艺术工作坊、生物学、环境科学、法语和文化。

运 动 队：羽毛球队、网球队、排球队、英式足球队、越野队、马术队、排球队、篮球队。

社　　团：爵士乐队、书籍阅读社、摇滚乐队社、西班牙语社、合唱社。

历届学生去向：西北大学、罗切斯特大学、埃默里大学、布兰代斯大学、伊利诺伊大学、宾州州立大学、佛罗里达大学、迈阿密大学、雪城大学、乔治亚大学、明尼苏达大学、康涅狄格大学、美利坚大学、克拉克大学、霍华德大学、史密斯学院。

191. The Hill School(希尔学校)

网　　　址：www.thehill.org

所　在　州：宾夕法尼亚州(Pennsylvania)

地　　　址：860 Beech St. Pottstown，PA19464

招生范围：9—12 年级

学生人数：486 人

入学要求：申请表格，学校成绩单、SSAT、PSAT、SAT、TOEFL 成绩，面试。

2019 年学费：US $59 050(外国学生寄宿部)

学校简介：该校建于 1815 年,已有 200 年的历史。学校致力于帮助学生在学科上有出色的表现。该校教师与学生的交流紧密,指导他们为进入最好的大学做准备。课程设置强调培养批判性的思维、分析和写作能力,基本课包括自然科学、人文科学、语言和数学。个人领袖才能也是该校培养的重点之一。该校毕业生中产生不少政界、商界、学术界出名的领袖。

AP 课程设置：微积分 AB/BC、法语和文化、拉丁语、心理学、西班牙文学、统计学、艺术史、生物学、欧洲历史、计算机科学 A、英语和作文、物理 C、艺术工作坊、美国政府与政治、美国历史、化学、人类地理学、物理 B、英国文学。

运动队：棒球队、篮球队、高尔夫球队、曲棍球队、游泳队、田径队、英式足球队、网球队、水球队、冰球队、越野队。

社　　　团：国际象棋社、钓鱼社、食品社、吉他社、法语社、亚洲文化社、摇滚乐队社、报社、文学社、学生会、辩论社、西班牙语社、滑板社。

历届学生去向：哈佛大学、普林斯顿大学、麻省理工学院、斯坦福大学、宾夕法尼亚大学、哥伦比亚大学、达特茅斯学院、西北大学、康奈尔大学、约翰·霍普金斯大学、加州大学伯克利分校、乔治城大学、弗吉尼亚大学、卡耐基梅隆大学。

192. Kiski School(基士奇学校)

网　　　址：www.kiski.org

所　在　州：宾夕法尼亚州(Pennsylvania)

地　　　址：1888 Brett Land Saltsbury，PA1568

招生范围：9—12 年级

学生人数：200 人

入学要求：学校成绩单、推荐信、SSAT 或 ISEE 成绩、面试。

2019 年学费：US $61 300（外国学生寄宿部）

学校简介：这是一座著名的私立大学预备男校，建校于 1888 年。学校致力于帮助学生学习及成长，教导每一个学生要追求优异的学习成绩、个人健全发展和社会责任感。同时也注重培养学生勇于冒险、从失败中学习的精神，从而使他们建立自信心。学校采取小班教学，运动队极具竞争力，教学设施完备。

AP 课程设置：美国历史、物理 C、英语和作文、化学、统计学、心理学、物理 B、法语和文化、欧洲历史、西班牙语和文化、生物学、计算机科学 A、微积分 AB/BC。

运 动 队：棒球队、高尔夫球队、曲棍球队、游泳队、田径队、篮球队、足球队、冰球队、网球队。

社 团：艺术社、国际象棋社、文学社、摄影社、新闻社、西班牙语社、数学组、阅读社。

历届学生去向：加州大学、哈佛大学、印第安纳大学、宾州州立大学、皇后学院、罗切斯特大学。

193. Linden Hall School for Girls（林登名人女校）

网 址：www.lindenhall.org

所 在 州：宾夕法尼亚州（Pennsylvania）

地 址：212 East Main Street Lititz，PA1543

招生范围：5—12 年级

学生人数：200 人

2019 年学费：US $57 650（外国学生寄宿部）

学校简介：这是一所历史非常悠久的女子学校，建校于 1746 年，具有 270 多年历史。学校的箴言是"为前途而学，而不是为学校而学"。课程设置以大学预备课程为主，具有挑战性，很强调坚固的学科技能的培养和良好学习习惯的建立。

AP 课程设置：心理学、微观经济学、艺术工作坊、美国历史、物理 1、法语和文化、英国文学、英语和作文、中文与文化、统计学、西班牙语和文化、微积分 AB/BC、艺术史、生物学、欧洲历史。

运 动 队：篮球队、游泳队、田径队、垒球队、英式足球队、网球队、马术队、曲棍球队、排球队。

社 团：文学社、摄影社、瑜伽社、学生会、新闻社、戏剧表演社。

历届学生去向：巴德学院、波士顿大学、埃默里大学、达特茅斯学院、乔治华盛顿大学、乔治城大学、麻省理工学院、纽约大学、西北大学、史密斯学院、芝加哥大学、宾州州立大学、南加州大学、威廉学院、罗切斯特大学。

194. Mercersburg Academy(姆萨斯堡学校)

网　　址: www.mercersburg.edu

所 在 州: 宾夕法尼亚州(Pennsylvania)

地　　址: 300 East Seminary Street Mercersburg，PA17236 - 1551

招生范围: 9—12 年级

学生人数: 438 人

入学要求: 推荐信、学校成绩单、SSAT 成绩、申请表格、面试。

2019 年学费: US $60 680(外国学生寄宿部)

学校简介: 这是一所传统大学预备学校,建校于 1893 年,具有 120 多年历史,是一所在全国甚至在国际上都备受称许的理想高中。在过去 5 年中,该校有 39 人入围全美学术优胜奖(从 10 000 名全国考试前 5%高分学生中产生)。课程包括 17 门大学先修课。学校拥有先进的教学设施、表演艺术项目及竞争力很强的体育运动队,曾有 40 位该校学生参加世界奥林匹克竞赛。该校学生来自全美 25 个州和 21 个其他国家。学校还开设有英语为第二语言课程(ESL)、大学预科班和暑期班。

AP 课程设置: 艺术史、生物学、微积分 AB/BC、化学、中文与文化、英国文学、环境科学、法语和文化、欧洲历史、德语和文化、拉丁语、宏观经济学、微观经济学、物理 C、西班牙语和文化、统计学、美国历史、世界历史、政府与政治比较、英语和文化、机械学、物理 1。

运 动 队: 高尔夫球队、垒球队、跳水队、越野队、曲棍球队、游泳队、田径队、网球队、排球队、马术队、英式足球队、棒球队。

社　　团: 书记社、法语社、商业社、音乐社、自行车社、德语社、环保社、数学组、模特社、西语社、摄影社、学生会。

历届学生去向: 哈佛大学、耶鲁大学、斯坦福大学、宾夕法尼亚大学、哥伦比亚大学、芝加哥大学、杜克大学、达特茅斯学院、西北大学、华盛顿大学、康奈尔大学、埃默里大学、莱斯大学、加州大学伯克利分校、乔治城大学。

195. Milton Hershey School(弥尔顿河水学校)

网　　址: www.mhskids.org

所 在 州: 宾夕法尼亚州(Pennsylvania)

地　　址: P. O. Box 830 Hershey，PA17033 - 0830

招生范围: 幼儿园—12 年级

学生人数：1 100 人（男生 547 人,女生 553 人）

入学要求：低收入家庭出身,入学年龄 4—15 岁,无不良行为纪录,成绩在全国统考平均线以上。要求美国公民。

2019 年学费：只要录取,学费食宿全免。

学校简介：这是一所较大的设有幼儿园到高中十二年级的综合私校。学校是慈善性质学校,由私人捐助,专收有经济困难和社会问题的学生。招生年龄由 4 岁到 15 岁,学生要有平均水平以上的学习能力,有能力和意愿参与学校所提供的各项课程和活动,且必须来自低收入家庭。学校采用小班教学,每班人数 15 人。学生不需付任何费用便可接受高质量教育。学校开设有大学预备课程、职业教育课程和暑期学校。学校强调课外活动对学生的重要性,要求学生参加各类活动,包括音乐、戏剧、乐器、体育运动等团队,学生组织及杂志、刊物等的创办。

AP 课程设置：欧洲历史、统计学。

运 动 队：橄榄球队、英式足球队、田径及越野队、垒球及棒球队、游泳队、跳水队、摔跤队。

社　　团：滑冰社、烹饪社、钓鱼社、自行车社。

历届学生去向：特拉华大学、宾州州立大学、圣约翰大学、约克学院。

196. Perkiomen School（帕基奥曼学校）

网　　址：www.perkiomen.org

所 在 州：宾夕法尼亚州（Pennsylvania）

地　　址：200 Seminary Avenue Pennsburg, PA18073

招生范围：6—12 年级

学生人数：336 人

入学要求：推荐信、学校成绩单、SSAT 或 TOEFL 成绩（无分数线限定）、SLEP 成绩、面试。

2019 年学费：US $64 200（外国学生寄宿部）

学校简介：帕基奥曼是一所建校于 1875 年的传统大学预备学校,具有 140 多年历史。办学宗旨是为学生的教育和成长营造良好环境。学校除基本中等教育课程外,还开设大学先修课。学生升大学率为 100%。学校师资阵容强大,学生和教师比例为 7∶1。

AP 课程设置：美国历史、美国政府与政治、绘画、二维设计、西班牙文学、西班牙语、物理 C、物理 1、物理 2、微观经济学、宏观经济学、法语和文化、德语和文化、世界历史、拉丁文学、乐理、环境科学、英国文学、英语和文化、中文和文化、化学、统计学、欧洲历史、计算机科学 A、微积分 AB/BC、生物学、艺术史。

运 动 队：羽毛球队、越野队、棒球队、垒球队、足球队、拳击队、田径队、游泳队、高尔夫球队、曲棍球队、篮球队、英式足球队、网球队。

社　　团：文学杂志社、学生会、戏剧社、数学组、爵士社、阅读社、西班牙语社、环保社。

历届学生去向：康奈尔大学、埃默里大学、卡耐基梅隆大学、南加州大学、威廉和玛丽学院、伊利诺伊大学、威斯康辛大学、宾州州立大学、乔治华盛顿大学、波士顿大学、雪城大学、康涅狄格大学、特拉华大学、密歇根州立大学、美利坚大学、德雷塞尔大学。

197. The Phelps School（费尔彼斯学校）

网　　址：www.thepheipsschool.org
所 在 州：宾夕法尼亚州（Pennsylvania）
地　　址：583 Sugartown Road，Malvern，PA19355
招生范围：寄宿部：7—12 年级
学生人数：男生 110 人
入学要求：推荐信、学校成绩单、面试。
2019 年学费：US $51 900（外国学生寄宿部）
学校简介：这是一所特殊教育专科男校，该校建于 1946 年。专门招收有学习障碍和注意力缺失的学生，为这些学生提供纠正治疗的方法和特别教育课程。学校特别注重营造优良的学习环境，如个性教育。采用小班教学，普通班 8—10 个学生，学业辅助课则每班只有 3 人，使学生能根据各人的需要，用不同方式达到标准课程要求。

AP 课程设置：微积分 AB、化学、美国历史、英语和文化。
运 动 队：越野队、网球队、曲棍球队、棒球队、篮球队、摔跤队、英式足球队、高尔夫球队。
社　　团：摄影社、健身社、农业社、艺术社。
历届学生去向：埃默里大学、波士顿大学、加州大学、普渡大学、丹佛大学、特拉华大学。

198. Shady Side Academy（影边书院）

网　　址：www.shadysideacademy.org
所 在 州：宾夕法尼亚州（Pennsylvania）
地　　址：423 Fox Chapel Road Pittsburgh，PA15238
招生范围：9—12 年级
学生人数：936 人
入学要求：ISEE 成绩、TOEFL 成绩、计算机考试成绩、英文及数学教师推荐信、学校成绩单、面试。

2019 年学费： US $51 475（外国学生寄宿部）

学校简介： 该校建于 1883 年，已有 130 多年历史，是宾州西部最大的学校。学校教师阵容强大，课程设置合理，教学成果突出，学校三分之一的毕业生赢得全国学术成就奖，其视觉和表演艺术课广受称许。学校的课外活动非常丰富，学生可参加各种项目的体育运动队。学校新设备包括全天候的田径场及配套设施、视觉艺术中心、计算机中心、冰球场及新教室的技术装备和设施。另开设有五天寄宿部和暑期学校。

AP 课程设置： 法语和文化、德语和文化、微积分 AB/BC、西班牙语和文化、计算机科学 A。

运　动　队： 越野队、足球队、高尔夫球队、英式足球队、网球队、篮球队、冰球队、游泳队、棒球队、曲棍球队、垒球队、田径队。

社　　团： 杂志社、学生会、宿管部、健身社、年刊、读书社。

历届学生去向： 波士顿大学、哥伦比亚大学、达特茅斯学院、埃默里大学、乔治·华盛顿大学、宾州州立大学、俄亥俄州立大学、纽约大学、波士顿学院、布朗大学。

199. Solebury School(苏伯利学校)

网　　址： www.solebury.org

所 在 州： 宾夕法尼亚州(Pennsylvania)

地　　址： 6832 Phillips Mill Road，New Hope，PA18938

招生范围： 9—12 年级

学生人数： 194 人

入学要求： 教师推荐信、学校成绩单、面试。

2019 年学费： US $61 840（外国学生寄宿部）

学校简介： 这是一所小规模的大学预备私立学校，建校于 1925 年，课程设置具挑战性，注重鼓励学生探讨和发展个人学业、艺术和体育运动等方面的技巧和天分。学校志在帮助学生为今后在全球化和文化交融的现实社会中能够有更好的适应和应变能力。该校学生来自美国各州及其他国家，亚洲国家包括中国、日本、韩国、马来西亚和泰国等。学校开设英语为第二语言课程(ESL)。

AP 课程设置： 微积分 AB、微积分 BC、西班牙语和文化、美国历史、英国文学、美国政府与政治、统计学、法语和文化、化学、阿拉伯语、物理学、生物学。

运　动　队： 曲棍球队、摔跤队、英式足球队、网球队、篮球队、田径队、垒球队、越野队、棒球队。

社　　团： 环保社、录音社、戏剧社、瑜伽社、学生会、文学杂志社、骑马社、咖啡社。

历届学生去向： 耶鲁大学、宾夕法尼亚大学、康奈尔大学、埃默里大学、卡耐基梅隆大学、密歇根大学、纽约大学、布兰代斯大学、乔治理工大学、波士顿学院、威廉和玛丽学院、里海大学、加州大学圣地亚哥分校、加州大学洛杉矶分校、弗吉尼亚大学、圣母大学。

200. Valley Forge Military Academy & College（溪谷锻炼军事书院）

网　　址：www.vfmac.edu
所 在 州：宾夕法尼亚州（Pennsylvania）
地　　址：1001 Eagle Road Wayne，PA19087
招生范围：7—12 年级
学生人数：男生 300 人
入学要求：推荐信、申请表格、考试、体检、面试。
2019 年学费：US $54 522（外国学生寄宿部）
学校简介：这是一所建校于 1930 年全部寄宿的私立男校，规模较大。学校着重培养学生取得学业成就的能力、个性及使其一生得益的领导才能和人生价值观。日常生活的军事化及军事训练是达到培养目标的重要方法。该校以小班教学为主，课程设置以大学预备为宗旨，学生与教师的比例是 10∶1。
AP 课程设置：生物学、欧洲历史、美国历史、物理 B、英国文学、英语和文化、统计学。
运 动 队：马术队、网球队、英式足球队、拳击队、棒球队、足球队、篮球队、游泳队、田径队、冰球队、越野队。
社　　团：学生会、音乐社、环保社、合唱团、国际象棋社、冰球社、拳击社。
历届学生去向：达特茅斯学院、斯坦福大学、普林斯顿大学、巴德学院、加州大学、宾州州立大学、普渡大学、密歇根大学、詹姆斯麦迪逊大学、罗切斯特大学。

201. Westtown School（西镇学校）

网　　址：www.westtown.edu
所 在 州：宾夕法尼亚州（Pennsylvania）
地　　址：975 Westtown Road，West Chester，PA18938
招生范围：9—12 年级
学生人数：357 人
入学要求：学校成绩单、教师推荐信、TOEFL 成绩、面试。
2019 年学费：US $61 345（外国学生寄宿部）
学校简介：这是一所规模较大的私立大学预备学校，建校于 1799 年，已有 210 多年的历史。该校秉持奎格教的严格教规，以个人固有的价值为先决条件，教导学生尊敬、忍耐和简朴。课程设置严谨,除基础课外,还有大学先修课。学校采用小班教学,学生与教师比例是 8∶1,可向学生提供密集的大学咨询和帮助。

AP 课程设置:二维设计、西班牙语和文化、电学和磁学、机械学、拉丁语、法国文学、美国历史、绘画、西班牙语和文化、拉丁文学、乐理、法语和文化、欧洲历史、化学、微积分 AB/BC、中文和文化、计算机科学 A、生物学、物理 B、物理 1。

运 动 队:田径队、游泳队、高尔夫球队、篮球队、垒球队、越野队、棒球队、曲棍球队、排球队、网球队。

社　　团:戏剧社、中文社、辩论社、国际象棋社、电影社、日本文化社、商业俱乐部、乒乓球俱乐部、学生会、新闻社、数学组、辅导社、摄影社、时尚俱乐部。

历届学生去向:哈佛大学、普林斯顿大学、加州理工大学、麻省理工学院、宾夕法尼亚大学、哥伦比亚大学、达特茅斯学院、杜克大学、约翰·霍普金斯大学、布朗大学、康奈尔大学、莱斯大学、弗吉尼亚大学、南加州大学、乔治城大学、布兰代斯大学、威廉和玛丽学院。

202. Wyoming Seminary(怀俄明高等中学)

网　　址:www.wyomingseminary.org

所 在 州:宾夕法尼亚州(Pennsylvania)

地　　址:201 North Sprague Avenue,Kingstone,PA18704

招生范围:9—12 年级

学生人数:451 人

入学要求:学校成绩单,现任英文、数学及学校其他教师推荐信三封,SSAT 成绩(九至十年级要求),PSAT 或 SSAT 成绩(十一年级),SAT 成绩(十二年级),面试。

2019 年学费:US \$56 550(外国学生寄宿部)

学校简介:这是一所中等规模的私立高中,建校于 1844 年。培养学生的目标是让学生拥有坚实的知识和强壮的身体,使其道德、品格、价值共同发展。学校招收九年级至大学预备班的学生。学校开设 140 门课、大学预备课程、18 门大学先修课、带挑战性的选修课以及表演艺术和美术课。学校采用小班教学,每班学生人数 12—18 人。学生与教师比例是 9∶1。学生毕业后可进入最好的或极具竞争力的大学。学生大部分来自美国各州,16% 外国学生来自欧洲、北美、南美及亚洲。

AP 课程设置:美国历史、美国政府与政治、绘画、物理 B、拉丁文学、法语和文化、英语和文化、计算机科学 A、化学、西班牙文学、拉丁语、艺术史、统计学、西班牙语和文化、心理学、乐理、欧洲历史、环境科学、微积分 AB、微积分 BC、生物学。

运 动 队:网球队、垒球队、游泳队、英式足球队、冰球队、跳水队、越野队、曲棍球队、

社　　团：合唱团、模特社、数学组、俄语社、西班牙语社、学生会、技术部、国际象棋俱乐部、摄影社、电影社、舞蹈队、演讲辩论社、爵士乐队、电脑社、烹饪社。

历届学生去向：布朗大学、美利坚大学、巴德学院、波士顿大学、波士顿学院、加州大学伯克利分校、加州大学洛杉矶分校、加州大学圣地亚哥分校、加州大学特拉华分校。

203. Portsmouth Abbey School（朴次茅斯修道院学校）

网　　址：www.portsmouthabbey.org

所 在 州：罗得岛州（Rhode Island）

地　　址：285 Cory's Lane，Portsmouth，Rl02871

招生范围：9—12 年级

学生人数：350 人

入学要求：学校成绩单、教师推荐信、SSAT 成绩。

2019 年学费：US $63 050（外国学生寄宿部）

学校简介：这是一所教会学校，建校于 1926 年，该校中等规模，办学宗旨是帮助学生增长知识和培养仁慈之心。学校秉持教会的传统，教导学生认真学习，遵守规矩，乐于分享学习及生活经验。学校采用小班教学，每班学生人数不超过 12 人。学校为了提高学生的英语水平，特地安排当地学生与他们组成口语小组。

AP 课程设置：西班牙文学、电学和磁学、世界历史、美国历史、英语和文化、统计学、化学、乐理、西班牙语和文化、拉丁语、欧洲历史、法语和文化、计算机科学 A、微积分 AB/BC、生物学、艺术史。

运 动 队：冰球队、游泳队、垒球队、足球队、田径队、马术队、篮球队、越野队、棒球队、曲棍球队、网球队、英式足球队、冲浪队。

社　　团：模特社、辅导社、辩论社、创意写作社、学生会、国际象棋俱乐部、新闻报社。

历届学生去向：哈佛大学、普林斯顿大学、宾夕法尼亚大学、哥伦比亚大学、杜克大学、约翰·霍普金斯大学、康奈尔大学、布朗大学、埃默里大学、范德比尔特大学、圣母大学、加州大学伯克利分校、卡耐基梅隆大学、乔治城大学、南加州大学、密歇根大学、纽约大学。

204. St. Andrew's School（圣安德鲁斯学校）

网　　址：www.standrews-ri.org

所 在 州：罗得岛州（Rhode Island）

地　　址：63 Federal Road Barrington，Rl02806

招生范围：9—12 年级

学生人数：222 人

入学要求：申请表格、学校成绩单、教师推荐信、SLEP 成绩、面试。

2019 年学费：US $69 300（外国学生寄宿部）

学校简介：这是一年小规模的私立学校，建校于 1893 年。初建时是专门收容无家可归或流浪家庭儿童的男校，如今，该校已是一所男女合校、以升大学为导向的综合高中。学校的特别课程是针对语言上有学习障碍或注意力分散的学生设置的，对有行为问题或情绪障碍的学生则帮助不大。学校致力于教导学生掌握有效的学习技能，使其能跟上课程进度。为了给予学生足够的帮助和注意力，每班学生只有 8—12 名，学生与教师的比例是 5∶1。学校为外国学生开设了英语为第二语言课程。

AP 课程设置：微积分 AB/BC、统计学、乐理、物理 B。

运 动 队：棒球队、篮球队、高尔夫球队、游泳队、田径队、网球队、排球队、冰球队、羽毛球队。

社 团：读书社、戏剧社、环保社、历史社、投资部、乒乓球社、国际象棋俱乐部、电影社、学生会、摄影社、数学组、模特社、心理社。

历届学生去向：波士顿大学、纽约大学、宾州州立大学、加州大学、长岛大学、密西西比大学。

205. St. George's School（圣乔治学校）

网　　址：www.stgeorges.edu

所 在 州：罗得岛州（Rhode Island）

地　　址：372 Purgatory Road Middletown，Rl02842

招生范围：9—12 年级

学生人数：370 人

入学要求：学校成绩单、教师推荐信、入学考试、课外活动的记录、SSAT 成绩、面试。

2019 年学费：US $63 100（外国学生寄宿部）

学校简介：这是一所有 120 多年历史的大学预备学校，建校于 1896 年。除大学预备基本课程以外，还开设了大学先修课。学生毕业后都能进入美国的顶尖大学。每年进入哈佛、耶鲁等常春藤盟校的有近 50 人之多。学校的捐助款有 8 000 万美元，经费充足。师资阵容强大，学生与教师比例是 10∶1。学校每年会拿出 150 万美元作为学生的奖学金给有需要的学生。学校因地理之便，海洋生物课程办得有声有色。

AP 课程设置：美国历史、美国政府与政治、绘画、二维设计、三维设计、统计学、电学和磁学、物理 1、物理 2、西班牙文学、拉丁语、环境科学、化学、西班牙语、物理 B、乐理、微观经济学、微积分 AB/BC、生物学、欧洲历史。

运 动 队：冲浪队、越野队、棒球队、冰球队、垒球队、游泳队、篮球队、高尔夫球队、英式足球队、网球队、曲棍球队、足球队、田径队。

社　　团：辩论社、艺术俱乐部、音乐社、辅导社、学生会、读书社、戏剧社、宿管部、数学组、合唱团、图书管理部、法语社。

历届学生去向：宾夕法尼亚大学、杜克大学、达特茅斯学院、约翰·霍普金斯大学、康奈尔大学、布朗大学、卡耐基梅隆大学、乔治城大学、弗吉尼亚大学、塔夫茨大学、维克森林大学、纽约大学、波士顿学院、迈阿密大学、乔治·华盛顿大学、美利坚大学、佛蒙特大学。

206. Ben Lippen School（班立本学校）

网　　址：www.benlippen.com

所 在 州：南卡罗来纳州（South Carolina）

地　　址：7401 Monticelto Road，Columbia，SC29203

招生范围：9—12 年级

学生人数：350 人

入学要求：学校成绩单、三封推荐信（英语和数学教师及教会牧师）、入学考试、面试。

2019 年学费：US $37 380（外国学生寄宿部）

学校简介：这是一所大型的大学预备学校，建校于 1940 年。最早是由哥伦比亚国际大学董事会主席提议设立的基督教寄宿男校，1952 年改办为男女合校至今，一直是哥伦比亚国际大学的分校，1988 年迁往现今的新校址。学校秉持基督教的教义，为学生设立高标准的学业要求和世界观。该校的成绩是 95 分以上得 A，93 分以上 A⁻，91 分以上 B⁺。学校的课程设置除了圣经课和大学预备基本课以外，还注重精神、心理和身体的全面发展。10 门以上的大学先修课使学生有足够条件申请顶尖大学。学生来自美国各州及世界上其他国家。学校开设有英语为第二语言课程（ESL）帮助英语为第二语言的学生。

AP 课程设置：电学和磁学、美国历史、比较政府与政治、化学、微积分 AB、微积分 BC、生物学、西班牙语和文化、统计学、化学、英国文学、英语和文化。

运 动 队：排球队、垒球队、网球队、游泳队、田径队、摔跤队、英式足球队、棒球队、越野队、高尔夫球队、篮球队。

社　　团：合唱团、学生会、数学竞赛组、基督社、乐队。

历届学生去向：哥伦比亚大学、波士顿大学、加州大学洛杉矶分校、康奈尔大学、杜克大学、乔治州立大学、印第安纳大学、纽约大学、俄亥俄州立大学、宾州州立大学、普渡大学、旧金山大学、南加州大学、华盛顿大学、密歇根大学、加州大学圣地亚哥分校。

207. Baylor School(蓓蕾学校)

网　　址：www.baylorschool.org

所 在 州：田纳西州(Tennessee)

地　　址：171 Baylor School Road，Chattanooga，TN37405

招生范围：9—12 年级

学生人数：1 040 人

入学要求：学校成绩单、英语和数学教师以及其他熟人的推荐信、SSAT 成绩、TOEFL 成绩、面试。

2019 年学费：US ＄55 620(外国学生寄宿部)

学校简介：这是一所已有 120 多年历史的较大型传统大学预备中学，建校于 1893 年。大多数学生先修完大学预备基本课程后，都进入荣誉班或学习大学先修课。学校师资优秀，采用小班教学，学生除正常上课外，还必须上自习课和参与教堂活动。每年 150 个毕业生中，有 10 个可获得全国学术优胜奖金，10—15 人得到嘉奖。学校拥有出色的运动队和丰富的周末活动项目。学生来自美国各州和世界各地，很多各国留学生来到蓓蕾就读后都能考入美国的顶尖大学。

AP 课程设置：拉丁语、德语和文化、法语和文化、西班牙语和文化、西班牙文学、英语和文化、英国文学、电学和磁学、美国历史、化学、世界历史、欧洲历史、计算机科学 AB、微积分 AB、微积分 BC、物理 B、人类地理学、生物学、环境科学、统计学。

运 动 队：田径队、游泳队、摔跤队、越野队、篮球队、垒球队、排球队、网球队、曲棍球队、跳水队、保龄球队、棒球队、足球队、英式足球队、高尔夫球队。

社　　团：学生会、爵士乐队、西班牙语社、写作社、电影制作社、宿管部、音乐社、心理社、电脑社、德语社、舞蹈队。

历届学生去向：哈佛大学、耶鲁大学、斯坦福大学、芝加哥大学、西北大学、华盛顿大学、约翰·霍普金斯大学、康奈尔大学、埃默里大学、范特比尔特大学、加州大学伯克利分校、乔治城大学、弗吉尼亚大学、南加州大学、纽约大学、布兰代斯大学、威廉和玛丽学院。

208. St. Andrew's-Sewanee School(圣安德斯斯文学校)

网　　址：www.sasweb.org

所 在 州：田纳西州(Tennessee)

地　　址：290 Qunitard Roaa Sewanee，TN37375 - 3000

招生范围：9—12年级

学生人数：249人

入学要求：学校成绩单、英语和数学教师推荐信、面试。

2019年学费：US $54 500（外国学生寄宿部）

学校简介：这是一所大学预备中学，建校于1868年，是美国南部最古老的大学预备学校。学校很重视培养学生的动手能力，认为通过实践，学生将会学到课堂上学不到而很有价值的知识，所以课程设置严谨的同时，注重学科间的融会贯通。学校通过挑选的学生可向南部有关的大学注册修课，取得大学学分。学生在家庭式的校园生活中与老师和同学建立了长期的联系，有利于今后的工作和生活。该校著名的校友是曾获得普立策奖的作家占姆士·亚基。

运 动 队：篮球队、排球队、网球队、垒球队、足球队、山地自行车队、田径队、游泳队、英式足球队、越野队、高尔夫球队、摔跤队。

社　　团：写作社、学生会、文学杂志社、舞蹈队、农业社、国际社、数学组、音乐社、户外活动组、戏剧社、录音室、艺术俱乐部。

历届学生去向：贝茨大学、贝勒大学、波士顿大学、布朗大学、科罗拉多大学、威斯康辛大学、乔治城大学、乔治州立大学。

209. The Webb School（苇伯学校）

网　　址：www.thewebbschool.com

所 在 州：田纳西州（Tennessee）

地　　址：319 Webb Rd，E Bell Buckle，TN37020

招生范围：7—12年级

学生人数：268人

入学要求：学校成绩单、三封推荐信（英语、数学教师和学校行政官员）、面试。

2019年学费：US $52 300（外国学生寄宿部）

学校简介：这是一所规模不大的大学预备学校，建校于1870年。学校特别注重为学生今后的学习打基础，教给学生今后在社会上取得成功的技巧，建立紧密的友谊，以正确的道德观念来面对生活。课程设置以在学科上严格要求、个人的关注和完整性为方针，使学生在学术上和个性上共同发展。学校规模不大，学生可得到足够的照顾，校园面积足以开展各种运动及课外活动。学校同时开设有英语为第二语言课程（ESL）大学预科班和暑期学校。

AP课程设置：环境科学、世界历史、美国历史、绘画、微积分AB、微积分BC、生物学、拉丁语、微观经济学、电学和磁学、二维设计、化学、宏观经济学、比较政府与政治、欧洲历史、统计学。

运　动　队：越野队、网球队、英式足球队、足球队、曲棍球队、垒球队、高尔夫球队、棒球队、篮球队。

社　　　团：瑜伽社、辅导社、学生会、乐队社、法语社、钓鱼社、宿管部、合唱团、国际象棋俱乐部、中文社、新闻报社、物理社、数学竞赛组、日语社。

历届学生去向：哈佛大学、耶鲁大学、宾夕法尼亚大学、西北大学、埃默里大学、范德比尔特大学、加州大学伯克利分校、乔治城大学、加州大学洛杉矶分校、纽约大学、波士顿学院、威斯康辛大学、宾州州立大学、乔治·华盛顿大学、匹兹堡大学。

210. The Hockaday School(霍克弟学校)

网　　　址：www.hockaday.org

所　在　州：得克萨斯州(Texas)

地　　　址：11600 Welch Road Dallas，TX75229

招生范围：8—12 年级

学生人数：1 086 人

入学要求：前两年学校成绩单、学校教师推荐信、TOEFL 成绩、面试。

2019 年学费：US $62 506(国际学生住宿部)

学校简介：这是一所较大型的女子学校,建校于 1913 年,具有悠久历史。学校强调高素质教学,这包括学业成绩、个人责任和个人特质的高要求;知识、个性、体育和礼仪是培养学生的四大基础。学校的大学预备课程设置严谨,要求严格,采用小班教学,每班人数是 14—16 人,学生和教师比例为 10∶1。学校开设大学先修课和荣誉课程。学校尽量招收不同背景的学生。学生来自美国境内的 9 个州和 13 个其他国家,23% 的学生是有色人种,3% 的各国留学生。

AP 课程设置：微积分 AB/BC、统计学、化学、美国历史、美国政府与政治、绘画、电学和磁学、中文和文化、世界历史、西班牙语和文化、西班牙文学、法语和文化、物理 B、拉丁语、欧洲历史、计算机科学 A、微观经济学、宏观经济学。

运　动　队：排球队、网球队、游泳队、篮球队、高尔夫球队、跳水队、曲棍球队、越野队、英式足球队、田径队、舞蹈队、足球队。

社　　　团：学生会、文化社、宿管部、手工艺品社、环保社、摄影社、健身社。

历届学生去向：哈佛大学、宾夕法尼亚大学、斯坦福大学、哥伦比亚大学、普林斯顿大学、耶鲁大学、芝加哥大学、杜克大学、达特茅斯学院、西北大学、华盛顿大学、约翰·霍普金斯大学、康奈尔大学、埃默里大学、莱斯大学、加州大学伯克利分校、乔治城大学、卡耐基梅隆大学、北卡罗来纳大学、南加州大学、密歇根大学、维克森林大学。

211. Saint Mary's Hall(圣玛莉名人学校)

网　　　址：www.smhall.org

所 在 州：得克萨斯州(Texas)

地　　　址：9401 Stancrest Drive San Antonio，TX78217

招生范围：日间部：学前班—12 年级

　　　　　　寄宿部：8—12 年级

学生人数：914 人

入学要求：学校成绩单、入学考试、英文和数学教师推荐信、报告、面试。

2019 年学费：US $26 900(外国学生寄宿部)

学校简介：建校于 1879 年的较大型的私立学校,具有一百二十多年历史,是得州最古老的寄宿学校。课程设置强调写作能力、研究精神和批判性思维。除基本课程外,还开设有大学先修课和荣誉课程,以及有专人个别辅助的科学研究课。学校鼓励学生参加各种课外活动和社区服务项目,发展其个人天分和领导才能。学校也开设超前专业水平的视觉和表演艺术课及具有竞争能力的运动课。学校为有需要的学生开设英语为第二语言课程(ESL)、大学预科班、五天寄宿部和暑期学校。

　　AP 课程设置：美国文学、英国文学、法语、拉丁文学、拉丁语、西班牙文学、统计学、微积分 AB/BC、生物学、化学、电脑科学、环境科学、美国历史、人类地理学、欧洲历史、心理学。

　　运 动 队：篮球队、足球队、曲棍球队、垒球队、游泳队、排球队、网球队、英式足球队、高尔夫球队、田径队、越野队。

　　社　　　团：戏剧社、艺术社、演讲辩论社、音乐社、视觉艺术社。

　　历届学生去向：康奈尔大学、波士顿大学、哈佛大学、宾夕法尼亚大学、宾州州立大学、塔夫茨大学、东北大学、乔治敦大学、乔治·华盛顿大学、南加州大学、耶鲁大学、芝加哥大学。

212. St. Stephen's Episcopal School(圣史蒂文斯教区书院)

网　　　址：www.sstx.org

所 在 州：得克萨斯州(Texas)

地　　　址：6500 St. Stephen's Drive Austin，Texas 78746

招生范围：8—12 年级

学生人数：688 人

入学要求：学校成绩单、ISEE（独立高中入学试）成绩、面试。

2019 年学费：US $60 350（外国学生寄宿部）

学校简介：这是一所中等规模的初高中合并的大学预备学校，建校于 1950 年。学校注重学生思维、身体和精神的发展。课程设置以升大学为目标。在有经验、有贡献精神的教师指导下，学校的大学性向测验（升大标准考）的平均成绩维持在 1 230 分（满分为 1 600）。学校的特别课程包括密集型英文课。学校的新设备有天文台、美术中心、计算机中心、体育馆、攀爬墙面和网球场。学校开设的戏剧项目、足球训练课、棒球和网球项目，极大地丰富了学生的课外活动。同时，学校也为有需要的学生开设英语为第二语言课程（ESL）。

AP 课程设置：艺术学、阿拉伯语、生物学、微积分 AB/BC、化学、摄影学、物理学、统计学、艺术历史、法语和文化、中文和文化、西班牙文学、地理学、欧洲历史、拉丁语。

运动队：曲棍球队、冲浪队、排球队、田径队、高尔夫球队、越野队、棒球队、山地自行车队、游泳队、英式足球队、篮球队、舞蹈队、足球队、攀岩队、网球队。

社团：摄影社、健身社、学生会、宿管部、音乐社、舞蹈队。

历届学生去向：哈佛大学、普林斯顿大学、耶鲁大学、哥伦比亚大学、斯坦福大学、芝加哥大学、杜克大学、达特茅斯学院、华盛顿大学、康奈尔大学、西北大学、加州大学伯克利分校、乔治城大学、波士顿学院、加州大学圣地亚哥分校、伊利诺伊大学、迈阿密大学、乔治·华盛顿大学、波士顿大学、乔治亚大学。

213. San Marcos Baptist Academy（圣马可斯浸会书院）

网　　　址：www.smbabears.org

所 在 州：得克萨斯州（Texas）

地　　　址：2801 Ranch Road 12 San Marcos，TX 78666

招生范围：7—12 年级

学生人数：340 人

入学要求：学校成绩单、教师推荐信、ISEE 成绩、TOEFL 成绩（外国学生需要）、面试。

2019 年学费：US $34 340（外国学生寄宿部）

学校简介：这是一所男女合校、寄宿部与日间部合校，初高中合并的私校，建校于 1907 年，也有一个多世纪的历史。学校注重推动每一个学生在学科、体能、社交和道德各方面的发展。课程设置除基本大学预备课程以外，每个男生一定要参加青少年军事训练课程，以加强他们的体能、纪律和领导才能。女生则可自由选择，但所有学生都要参加教会活动和自习课。学校特别为有不同学习方式的同学开设个别辅导课。国外来的学生则可先修读英语为第二语言课程（ESL）作为过渡课程。体育运动项目包括美式足球、棒球、排球、软球、篮球、游泳、网球、田径、长跑、足球和角力。学校招收外国留学生,亚洲学生人数在逐年增加。

AP 课程设置: 计算机科学 A、英语和文化、微积分 AB、世界历史。

运 动 队: 马术队、篮球队、垒球队、田径队、排球队、网球队、越野队、棒球队、高尔夫球队、游泳队、英式足球队。

社　　团: 爵士乐队、学生会、学生报社、年刊。

历届学生去向: 哈佛大学、爱荷华大学、贝勒大学。

214. Texas Military Institute(德州军事学院)

网　　址: www.tmi-sa.org

所 在 州: 得克萨斯州(Texas)

地　　址: 20955 West Tejas Trai, San Antonie, TX78257

招生范围: 6—12 年级

学生人数: 301 人

入学要求: 学校成绩单,英文、数学教师 2 封推荐信,ISEE、SSAT、SAT 和 PSAT 成绩,面试。

2019 年学费: US $50 905(外国学生寄宿部)

学校简介: 这是一所教会所办的规模中偏小的大学预备学校,建校于 1893 年。建校之初为男校,1972 年改为男女合校。办学宗旨是以基督精神为基础,发挥学生们在社会服务及领导才能方面的潜质。课程设置带挑战性、并要求学生参加每日的教会活动,六年级开始选读青少年 JROTC 军事训练课,包括航空、航海课程。学校通过运动队、课外活动和社区服务训练学生的领导才能。学校师资充足,学生和教师比例是 8∶1。学校的重要设施包括藏书两万多册的图书馆、科学中心和计算机中心、室内和室外的体育设施和美术中心。学校著名的校友有国会参议员、航天飞行员、将军、名演员、银行家和艺术家等。

AP 课程设置: 英语、数学、科学、历史、艺术工作坊。

运 动 队: 高尔夫球队、棒球队、足球队、越野队、篮球队、曲棍球队、英式足球队、垒球队、游泳队、网球队、田径队、排球队。

社　　团: 保龄球社、电影社、冰球社、博物馆社、戏剧社、手工艺品社。

历届学生去向: 耶鲁大学、杜克大学、波士顿大学、波士顿学院、美利坚大学、普渡大学、乔治城大学、密歇根州立大学、圣地亚哥州立大学、圣玛利大学、芝加哥大学、科罗拉多大学、南加州大学、乔治·华盛顿大学。

215. Wasatch Academy(华萨其书院)

网　　址：www.wasatchacademy.org

所 在 州：犹他州(Utah)

地　　址：120 South 100 West，Mount Pleasant，UT84647(435)462－2411(Ext. 21)

招生范围：7—12 年级

学生人数：330 人

入学要求：学校成绩单,英文、数学教师推荐信,测试成绩,面试。

2019 年学费：US $59 900(外国学生寄宿部)

学校简介：这是一所规模较小的大学预备高中,建校于 1875 年。学校致力于为学生提供符合学生需要、给予学生极大支持和帮助的学习条件。学科课程设置带有挑战性,安排有密集的体育训练项目和丰富的课外活动。美术课程的设计则旨在让学生在不同程度上发挥他们的创造潜能。学校特别开设英语为第二语言课程(ESL)、五天寄宿部、为患注意力缺失症和有学习障碍的学生而设的特殊教育课程和暑期学校。

AP 课程设置：西班牙语、美国政府与政治、化学、生物学、心理学、物理 B、微积分 AB/BC、中文和文化、环境科学、英国文学、英语和文化、欧洲历史、统计学、美国历史。

运 动 队：攀岩队、滑板队、排球队、马术队、花样滑冰队、网球队、越野队、棒球队、篮球队、田径队、英式足球队、高尔夫球队。

社　　团：新闻社、艺术社、合唱团、舞蹈队、辩论社、电影制作社、滑冰社、学生会、瑜伽社、游泳社、户外活动组。

历届学生去向：哥伦比亚大学、波士顿大学、乔治·华盛顿大学、宾州州立大学、普渡大学、雪城大学、科罗拉多大学、美利坚大学、克拉克大学、威廉和玛丽学院、加州大学伯克利分校。

216. The Greenwood School(绿木学校)

网　　址：www.greenwood.org

所 在 州：佛蒙特州(Vermont)

地　　址：14 Greenwood Lane Putney，VT05346

招生范围：6—12 年级

学生人数：男生 50 人

入学要求：学校成绩单、测试成绩、语言或心理评估报告。

2019 年学费：US $87 000(外国学生寄宿部)

学校简介：这是一所规模很小的私立特殊教育男校，建校于 1978 年，招收 10—14 岁有语言障碍有关的阅读困难的男生，旨在帮助他们克服困难，熟练掌握阅读、写作、拼写或数学方面的技能。学校不分年级教学。学生教师的比例为 3：1。所有的学生都有语言辅导课，教师集中教授译码、阅读理解、拼字和书法等课程。学生通过参加艺术、戏剧、乡村游戏、木械和金工等实践，来发展他们的创作天分。学生大部分来自美国新英格兰地区及其他州，12％来自外国。

运 动 队：英式足球队、篮球队、棒球队、越野队。

社　　团：滑冰社、电影社、艺术社、攀岩社、木制作社、滑板社。

历届学生去向：霍尔德内斯中学、布鲁斯乐学院、福尔曼中学、高尔中学、肯特中学、佛蒙特学院。

217. The Putney School（蒲特尼学校）

网　　址：www.putneyschool.org

所 在 州：佛蒙特州（Vermont）

地　　址：Elm Lea Farm, 418 Houghton Brook Road, Putney, VT05346 - 8675

招生范围：9—12 年级

学生人数：225 人

入学要求：学校成绩单，三封教师（包括英文或历史教师、数学或科学教师、家长或辅导员）推荐信，根据学校提出的问题写一篇短文附在申请表上。

2019 年学费：US $62 400（外国学生寄宿部）

学校简介：这是一所小规模的大学预备高中，建校于 1935 年，致力于发掘学生的学识、艺术、体能上的潜力，鼓励学生勇于面对学业上的挑战，要求学生严肃对待每一门课，积极参与各项艺术和体育活动，同时也要求学生提高自觉性和树立道德标准。学校的课程设置很具挑战性，除基本课程外，还开设艺术和音乐课，也提供自选自学的机会及完全户外的体育活动。课程设置适合那些有积极性、有独立自主能力和自律的学生。学校采用小班教学，教师与学生紧密合作。

运 动 队：滑冰队、曲棍球队、英式足球队、篮球队。

社　　团：文学杂志社、山地自行车社、戏剧社、滑冰社、音乐社。

历届学生去向：哈佛大学、耶鲁大学、波士顿大学、哥伦比亚大学、科罗拉多大学、克拉克大学、康奈尔大学、达特茅斯学院、埃默里大学、美利坚大学、乔治·华盛顿大学、巴德学院、贝茨学院、波士顿学院、加州大学、宾州州立大学、威廉和玛丽学院、乔治城大学。

218. Rock Point School(岩尖学校)

网　　　址：www.rockpoint.org

所 在 州：佛蒙特州(Vermont)

地　　　址：1 Rock Point Road Burlington，VT05401

招生范围：9—12 年级

学生人数：40 人

入学要求：学校成绩单、教师推荐信、面试。

2019 年学费：US $59 500(外国学生寄宿部)

学校简介：这是一所小型的大学预备高中,建校于 1928 年,由佛蒙特州教区神父所创建。学校最初是一所女校,建校的目的是为学生提供家庭式的生活环境和教育机会。学生大多具有平均或以上水平,但也接受部分成绩不佳的学生以及适合在小范围校区学习和生活的学生。学校的艺术课在各科中都较为突出,学生也需要参加社区服务和外出实习。学校意识到学校课程与学生的住校生活经历都对他们的成功有同等重要的作用,所以尽量寻求两者之间的平衡。大多数学生来自佛蒙特州,也有来自美国其他地区和加拿大的学生。学校为每位学生都安排有学业顾问及辅导老师。

运 动 队：篮球队、滑冰队、英式足球队、高尔夫球队。

社　　　团：冲浪社、摄影社、竞跑社、滑板社、自行车社、艺术社。

历届学生去向：华盛顿大学、南加州大学、圣约翰学院、柏林顿大学、东北大学、埃默里大学、克拉克大学、史密斯学院、罗切斯特大学、劳伦斯大学。

219. St. Johnsbury Academy(圣约翰伯利书院)

网　　　址：www.stjohnsbury.org

所 在 州：佛蒙特州(Vermont)

地　　　址：P. O. Box 906 1000 Main Street St. Johnsbury，VT05819

招生范围：9—12 年级

学生人数：960 人

入学要求：学校成绩单、三封推荐信(英文、数学教师及辅导员)、学习能力测试、面试。

2019 年学费：US $56 500(外国学生寄宿部)

学校简介：这是一所建校于 1842 年的较大型私立中学,以大学预备课为基础,但也开设密集的技术训练课程。寄宿部有 151 个学生。课程设置除了四年高中的基本课程外，还有大学先修课、技术或辅导课程。

AP 课程设置：生物学、物理 B、电学和磁学、美国历史、西班牙语和文化、心理学、乐理、日语和文化、法语和文化、微积分 AB、微积分 BC、化学、环境科学、英国文学、英语和文化、计算机科学 A、欧洲历史、统计学、二维设计。

运 动 队：越野队、曲棍球队、冰球队、田径队、垒球队、滑冰队、网球队、摔跤队、英式足球队、高尔夫球队、棒球队、篮球队、足球队、越野队。

社　　团：艺术社、乐队、国际象棋俱乐部、辩论社、电脑社、保龄球社、羽毛球社、戏剧社、舞蹈队、环保社、电影社、法语社、学生会、科学组、摄影社、学生报社。

历届学生去向：美利坚大学、波士顿大学、布朗大学、卡勒顿学院、科罗拉多州立大学、芝加哥学院。

220. Vermont Academy（佛尔蒙特学院）

网　　址：www.vermontacademy.org

所 在 州：佛蒙特州（Vermont）

地　　址：P. O. Box 500 10 Long Walk Saxtons River，VT05154

招生范围：9—12 年级

学生人数：240 人

入学要求：学校成绩单、教师推荐信、SSAT 或 ISEE 成绩、面试。

2019 年学费：US $60 590（外国学生寄宿部）

学校简介：这是一所中小型的大学预备学校，建校于 1876 年。办学方针是教导学生使其自信心及自学能力得到发展。课程设置以大学预备课为基础。学生通过学习，通常能发现自己的个人才能，学会沟通的技巧、批判性思维和分析能力，以及培养良好的直觉。学校采用小班教学，使每个学生都能得到教师充分关注和帮助。每晚 8:00 至 10:00 是晚自修时间，有教师督导。学校有技术先进的计算机中心、学习技巧中心、户外教学和创造性艺术设施，包括音乐、戏剧和舞蹈和 18 个不同的体育运动项目场地。

AP 课程设置：化学、微积分 BC、微积分 AB、生物学、统计学、英语和文化。

运 动 队：滑冰队、马术队、足球队、高尔夫球队、曲棍球队、英式足球队、网球队、越野队、攀岩队、篮球队、花样滑冰队、滑板队、田径队、垒球队。

社　　团：宿管部、文学杂志社、学生会、戏剧社、摄影社、辅导社、舞蹈队。

历届学生去向：克拉克大学、科罗拉多大学、乔治城大学、林肯大学、皇后大学、康州大学、丹佛大学、华盛顿大学。

221. The Blue Ridge School(蓝岭学校)

网　　址：www.blueridgeschool.com

所 在 州：弗吉尼亚州(Virginia)

地　　址：273 Mayo Drive St. George，VA22935

招生范围：9—12 年级

学生人数：男生 195 人

入学要求：学校成绩单、三封推荐信(英语、数学、辅导员推荐信各一封)、SLEP 或 TOEFL 成绩、如要 I－20 表必须提供经济证明。

2019 年学费：US $51 350(外国学生寄宿部)

学校简介：这是一所传统的大学预备私立男校。建校于 1909 年,有 100 多年历史。学校规模不大,招收的学生素质较好;课程设置适合各种学习方式的学生。学校采用小班教学。学生每天固定会见他们的学业顾问。学校的地理环境使学生可享受丰富的户外教育和运动,各项活动及运动的设计均很注重学生个人素质、勇气及领导才能的培养。

运 动 队：越野队、高尔夫球队、田径队、排球队、山地自行车队、足球队、篮球队、棒球队、网球队、摔跤队、曲棍球队。

社　　团：艺术社、国际象棋俱乐部、戏剧社、学生会、户外活动组、合唱团。

历届学生去向：波士顿大学、康奈尔大学、迪克逊大学、埃默里大学、佛罗里达大学、乔治·华盛顿大学、美利坚大学、波士顿学院、贝勒大学、林肯大学、密西西比州立大学、纽约大学、俄亥俄州立大学、宾州州立大学、普渡大学、得克萨斯州科技大学、迈阿密大学。

222. Chatham Hall(查敦名人学校)

网　　址：www.chathamhall.org

所 在 州：弗吉尼亚州(Virginia)

地　　址：800 Chatham Hall Circle，Chatham，VA24531

招生范围：9—12 年级

学生人数：女生 127 人

入学要求：学校成绩单、教师推荐信、学生学习的能力与态度测试。

2019 年学费：US $55 146(外国学生寄宿部)

学校简介：这是一所大学预备私立女子学校,致力于为学生提供良好的学习环境和丰富的课外活动。学校师资充足,学生和教师的比例是 4∶1,小班教学可以帮助学生学会合理掌握时间和大学学习的基本技巧。

学生在校可得到教师和同学在学业上的支持和生活上的照顾,课程安排合理紧凑,每天晚自修课和周末补习使学生有充足时间吸收所学知识。学生通过参加体育活动、艺术创作、骑术课、戏剧、音乐和舞蹈增强他们的自理能力和自信心。

AP 课程设置: 中文和文化、美国历史、绘画、统计学、心理学、物理 B、英语和文化、英国文学、化学、西班牙语和文化、乐理、拉丁文学、人类地理学、法语和文化、欧洲历史、微积分 AB、微积分 BC、生物学。

运 动 队: 网球队、曲棍球队、马术队、排球队、游泳队、篮球队、越野队、高尔夫球队。

社　　团: 艺术俱乐部、烹饪社、戏剧社、国际象棋俱乐部、拉丁社、法语社、西班牙语社、学生会、文学杂志社、国际俱乐部、服务社、学生新闻社。

历届学生去向: 斯坦福大学、芝加哥大学、杜克大学、约翰·霍普金斯大学、布朗大学、康奈尔大学、范德比尔特大学、圣母大学、乔治城大学、弗吉尼亚大学、北卡罗来纳大学、波士顿大学。

223. Christchurch Episcopal School(基督教教区学校)

网　　址: www.christchurchschool.org

所 在 州: 弗吉尼亚州(Virginia)

地　　址: 49 Seahorse Lane, Christchurch, VA23031

招生范围: 9—12 年级

学生人数: 205 人

入学要求: 学校成绩单,英文、数学教师推荐信,面试。

2019 年学费: US $51 750(外国学生寄宿部)

学校简介: 这是一所中偏小型的大学预备学校,建校于 1921 年,招收九年级至大学预科学生,课程从大学预备基本课到大学先修课都有。师资充足,学生和教师的比例是 7∶1,75% 的教师住在校园里。学校的课程要求学生多才多艺。学生必须参加每日的体育活动和自习课,这有助于学生提高学习水平。因地理之便,学校的海洋科学课、航海课也开办得很出色。该校是第一所提供无息延期付费的学校,使有付款困难的家庭可延至毕业前再付清学费而不需付利息。

AP 课程设置: 英语、微积分 AB、生物学、环境科学、历史、物理学、化学、世界历史、西班牙语、美国政府与政治。

运 动 队: 高尔夫球队、篮球队、棒球队、足球队、曲棍球队、英式足球队、排球队、冲浪队。

社　　团: 国际象棋俱乐部、戏剧社、音乐社、学生会。

历届学生去向: 贝勒大学、波士顿大学、科罗拉多大学、特拉华学院、丹佛大学、普渡大学、埃默里大学、乔治城大学、宾州州立大学、迈阿密大学、密歇根州立大学、圣地亚哥州立大学、纽约州立大学石溪分校。

224. Episcopal High School（教区高中）

网　　址：www.episcopalhighschool.org

所 在 州：弗吉尼亚州（Virginia）

地　　址：1200 North Quaker Lane，Alexandria，VA22302 - 3000

招生范围：9—12 年级

学生人数：453 人

入学要求：学校成绩单、教师推荐信、面试。

2019 年学费：US ＄60 900（外国学生寄宿部）

学生简介：这是一所只收寄宿生的中型学校，建校于 1839 年，是美国声誉很高的学校。学校的目标是为学生进入顶尖大学做准备。宗教教育使这所历史悠久的学生在全国享有盛名。学校也要求学生修读艺术、体育课并参与社区服务和其他课外活动，并经常安排毕业班学生到首都华盛顿为国会参议院做实习生，并送到法国、西班牙、意大利、中国、俄国、日本进修。学校师资充足，学生教师比例是 6：1，教师中不少是名牌大学的高学位毕业生。

AP 课程设置：艺术史、美国政府与政治、二维设计、三维设计、绘画、电学和磁学、中文和文化、计算机科学 A、德语和文化、化学、美国历史、拉丁语、统计学、西班牙文学、物理 B、乐理、微观经济学、宏观经济学、人类地理学、法语和文化、欧洲历史、环境科学、微积分 AB、微积分 BC、生物学、西班牙语和文化。

运 动 队：排球队、高尔夫球队、垒球队、摔跤队、曲棍球队、棒球队、篮球队、足球队、越野队、田径队、英式足球队。

社　　团：书记社、合唱团、学生新闻社、环保社、宿管部、爵士社、服务社、辅导社、技术部、年刊、数学组、意大利社。

历届学生去向：普林斯顿大学、加州理工大学、斯坦福大学、宾夕法尼亚大学、芝加哥大学、杜克大学、约翰·霍普金斯大学、康奈尔大学、布朗大学、莱斯大学、范德比尔特大学、卡耐基梅隆大学、乔治城大学、加州大学洛杉矶分校、弗吉尼亚大学、南加州大学、密歇根大学、威廉和玛丽学院、波士顿学院、伊利诺伊大学、里海大学、美利坚大学。

225. Foxcroft School（福斯克罗芙学校）

网　　址：www.foxcroft.org

所 在 州：弗吉尼亚州（Virginia）

地　　址：22407 Foxhound Lane，P. O. Box 5555，Middleburg VA20118

招生范围：9—12 年级

学生人数：女生 165 人

入学要求：SLEP 考试，学校成绩单，英文、数学教师及学校推荐信，面试。

2019 年学费：US $54 000（外国学生寄宿部）

学校简介：这是一所小型的大学预备女子学校。学校的办学宗旨是要培养学生打好升大学的基础及今后在社会上的生存能力。学校有出色的课外运动，并开设有领导才能培训班、毕业班考题项目、毕业班考题习作、社区服务和九支校际运动队。其中女子骑术队和长杆网球队很活跃。学校采用小班教学，每班人数不超过 15 人。学生教师的比例是 4：1，90％的教师与学生一起住校，便于及时帮助学生解决问题。

AP 课程设置：机械学、生物学、化学、宏观经济学、微观经济学、美国历史、美国政府与政治、微积分 AB、微积分 BC、西班牙文学、法语和文化、英语和文化、英国文学、电学和磁学、统计学。

运 动 队：马术队、英式足球队、曲棍球队、篮球队、越野队、垒球队、排球队、网球队。

社　　团：艺术俱乐部、中文社、烹饪社、戏剧社、国际俱乐部、户外活动组、学生会。

历届学生去向：乔治城大学、加州大学洛杉矶分校、弗吉尼亚大学、南加州大学、密歇根大学、北卡罗来纳大学、维克森林大学、威廉和玛丽学院、波士顿学院、罗切斯特大学、华盛顿大学、宾州州立大学、迈阿密大学、乔治·华盛顿大学、雪城大学。

226. Hargrave Military Academy（哈格雷夫军事学校）

网　　址：www.hargrave.edu

所 在 州：弗吉尼亚州（Virginia）

地　　址：200 Military Driv Chatham，VA24531

招生范围：7—12 年级

学生人数：210 人

入学要求：学校成绩单、推荐信、面试。

2019 年学费：US $36 900（外国学生寄宿部）

学校简介：这是一所较大规模的初高中合并的私立男校。课程设置以大学预备课为基础。90％的毕业生能顺利进入大学。学校致力创造良好的学习环境，严格要求学生。学生必须参加晚自修课、"如何学习"课（学习技巧）和坚持基督的信念。学校的阅读部门非常出色，也有经验成熟的学习中心，这都是帮助每个学生制胜的重要因素。军事训练课则可帮助学生建立自尊心和懂礼貌。从该校毕业的学生都一致认为，哈格雷夫学校改变了他们的一生。学校还开设有英语为第二语言课程（ESL）、大学预科班、五天寄宿部班、专为患注意力缺失症和有学习障碍的学生而设的特殊教育课及暑期学校。暑期学校有文化课、体育课和各种野外活动。

AP 课程设置：美国历史、生物学、西班牙文学、物理 B、微积分 AB、英国文学、统计学、比较政府与政治、化学。

运 动 队：越野队、高尔夫球队、攀岩队、游泳队、篮球队、足球队、曲棍球队、网球队、英式足球队、棒球队。

社　　团：合唱团、法语社、电脑社、西班牙语社、年刊、辩论社、摄影社、文学杂志社。

历届学生去向：南加州大学、宾州州立大学、华盛顿大学、乔治城大学、波士顿大学。

227. The Madeira School (玛蒂拉学校)

网　　址：www.madeira.org

所 在 州：弗吉尼亚州(Virginia)

地　　址：8328 Georgetown Pike，Mclean，VA22102

招生范围：9—12 年级

学生人数：女生 306 人

入学要求：SSAT、TOEFL 成绩，学校成绩单，校长、英文教师及数学教师推荐信，面试。

2019 年学费：US $63 250(外国学生寄宿部)

学校简介：建校于 1906 年，有 100 多年历史的私立女校。学校的办学宗旨是给予学生在学科、社会生活和体能方面的全面教育。课程设计的特色是将传统的大学预备课程与现实的文化、政治经济生活相结合，使学生能将所学知识运用到生活之中。学校的重要设施包括体育运动中心、图书馆、学生活动中心、美术创作中心、摄影制作实验室、骑马场。

AP 课程设置：西班牙语和文化、英语和文化、法语和文化、宏观经济学、微观经济学、物理 B/C、二维设计、物理 1/2、计算机科学 A、统计学、微积分 AB/BC、生物学、化学、美国历史、美国政府与政治、世界历史、艺术史、英国文学、中文与和文化、欧洲历史、拉丁语。

运 动 队：游泳队、田径队、篮球队、跳水队、英式足球队、网球队、排球队、曲棍球队、垒球队、马术队、越野队。

社　　团：拉丁社、学生报社、学生会、模特社、环保社、法语社、文学杂志社、辅导社、西班牙语社、服务社。

历届学生去向：普林斯顿大学、宾夕法尼亚大学、哥伦比亚大学、杜克大学、华盛顿大学、约翰·霍普金斯大学、康奈尔大学、布朗大学、埃默里大学、圣母大学、卡耐基梅隆大学、乔治城大学、弗吉尼亚大学、北卡罗来纳大学、纽约大学。

228. Massanutten Military Academy(玛珊努顿军事书院)

网　　址：www.militaryschool.com

所 在 州：弗吉尼亚州(Virginia)

地　　址：614S Main Street Woodstock，VA2264

招生范围：7—12 年级

学生人数：120 人

入学要求：面试。

2019 年学费：US $38 000(外国学生寄宿部)

学校简介：这是一所规模不大的男女合校军事学校,建校于 1899 年。课程设置以大学预备为基础,还为毕业班开设部分大学学分课程。每班都有日常的辅导课和晚自习课。学校致力于创造良好的军事化教育环境,以帮助学生的学业、领导才能和个性的发展。在所有军事学校中,纪律严明是该校最大的特点。从学校毕业的学生大都具有较强的自尊心和自律能力。学校采用小班教学,每班学生只有 12 人。学校开设英语为第二语言课程。

AP 课程设置：微积分 AB、政府和政治学、英语与文学、美国历史、物理 B、生物学、化学、西班牙语和文化、世界历史、英国文学。

运 动 队：足球队、曲棍球队、垒球队、网球队、排球队、棒球队、越野队、高尔夫球队、英式足球队、游泳队、田径队。

社　　团：艺术社、乐队、学生会、宿管部。

历届学生去向：乔治梅森大学、赛特多大学、詹姆斯·麦迪森大学、玛丽·鲍德温学院、弗吉尼亚军事学院、西点军校、海军学院、乔治·华盛顿大学。

229. Miller School of Albemarle(米勒学校)

网　　址：www.millerschoolofalbemarle.org

所 在 州：弗吉尼亚州(Virginia)

地　　址：1000 Samuel Miller Loop，Charlottesville，VA22903

招生范围：8—12 年级

学生人数：185 人

入学要求：学校成绩单、英文和数学教师推荐信、面试。

2019 年学费：US $56 000(外国学生寄宿部)

学校简介：这是一所小型的传统大学预备中学,建校于 1878 年,招收从八年级到十二年级的学生。学校采用小班教学,学生和教师比例是 6∶1,班内学生人数最少只有 5

人,最多的班也不可以超过 12 人。学生还必须修读艺术课和选择参加四项社区活动中的一项,这四项活动包括空中巡逻、社区服务、环境保护活动、木工或修整建筑。

AP 课程设置: 物理 B、拉丁语、美国政府与政治、英国文学、英语和文化、化学、微积分 BC、西班牙语和文化、宏观经济学、法语和文化、微积分 AB、统计学、生物学。

运 动 队: 曲棍球队、网球队、排球队、英式足球队、越野队、棒球队、篮球队、马术队、高尔夫球队、山地自行车队。

社 团: 学生会、宿管部、健身社、艺术社、摄影社、读书社。

历届学生去向: 耶鲁大学、达特茅斯学院、布朗大学、埃默里大学、弗吉尼亚大学、维克森林大学、布兰代斯大学、威廉和玛丽学院、伊利诺伊大学、威斯康辛大学、加州大学戴维斯分校、华盛顿大学、宾州州立大学、乔治·华盛顿大学、俄亥俄州立大学、奥本大学。

230. Oak Hill Academy(橡木岭书院)

网 址: www.oak-hill.net

所 在 州: 弗吉尼亚州(Virginia)

地 址: 2635 Oak Hill Road Mouth Of Wilson,VA24363 - 3004

招生范围: 8—12 年级

学生人数: 145 人

入学要求: 学校成绩单、教师推荐信、面试。

2019 年学费: US $53 209(外国学生寄宿部)

学校简介: 建校于 1878 年的小规模私立中学,学校致力于为学生提供一个安全的学习环境,课程设置极具挑战性,强调学习质量。学校采用小班教学,每班只有 5 名学生,使学生得到更多的关注和指导,形成正面积极的学习气氛。体育运动课、美术课和其他小区活动使学生的教育延伸到课堂以外。学校学生来自美国 17 个州和 4 个其他国家。学校也开办暑期班。

运 动 队: 网球队、英式足球队、篮球队、排球队、棒球队。

社 团: 艺术俱乐部、瑜伽社、合唱团、戏剧社、乐队、游泳俱乐部、足球社。

历届学生去向: 美利坚大学、乔治·华盛顿大学、波士顿学院、贝勒大学、波士顿大学、威廉和玛丽学院、乔治城大学、密歇根州立大学、宾州州立大学、北卡罗来纳大学、圣玛丽学院、纽约大学。

231. Randolph-Macon Academy(兰道夫梅根学院)

网 址: www.rma.edu

所 在 州：弗吉尼亚州（Virginia）

地　　址：200 Academy Drive Front Royal，VA22630

招生范围：6—12 年级

学生人数：294 人

入学要求：学校成绩单、教师推荐信、面试。

2019 年学费：US ＄54 251（外国学生寄宿部）

学校简介：这是一所建校于 1892 年，具有 120 多年历史的传统大学预备中学。学校致力于为学生提供一个优良的学习环境，使学生能为自己设立较高学习目标，达到高标准学习成就和合宜的行为标准，自律能力的培养成为优先中的优先。学校招收六年级到大学预备班的学生。初中部是非军事学校，高中是采用军事化教育。全美只有该校的高中部开设青少年空军军事训练课（JROTC）和飞行训练课。学校还开设英语为第二语言课程（ESL）和大学预科班，以满足较多的外国学生（其中亚洲人所占比例不少）的需要。

AP 课程设置：生物学、美国历史、美国政府与政治、心理学、物理 C、英语和文化、英国文学、德语和文化、艺术史、化学、欧洲历史、微积分 AB。

运 动 队：摔跤队、网球队、垒球队、足球队、曲棍球队、越野队、篮球队、排球队、棒球队、英式足球队、田径队、游泳队、高尔夫球队。

社　　团：艺术部、国际象棋俱乐部、戏剧社、乐队、文学杂志社、户外活动组、录音组、年刊、辩论社、演讲社、学生会。

历届学生去向：圣约翰学院、纽约州立大学石溪分校、加州大学洛杉矶分校、加州大学圣地亚哥分校、丹佛大学、迈阿密大学、密歇根大学。

232. St. Anne's-Belfield School（圣安妮比尔菲学校）

网　　址：www.stab.org

所 在 州：弗吉尼亚州（Virginia）

地　　址：2132 Ivy Road，Charlottesville，VA22903

招生范围：9—12 年级

学生人数：883 人

入学要求：SSAT、ISEE 或 TOEFL 成绩，学校成绩单，教师推荐信，面试。

2019 年学费：US ＄60 690（外国学生寄宿部）

学校简介：较大规模的传统大学预备学校，最早是建于 1910 年的教会女校，1955 年开设男女合校初中部，1970 年后发展至高中部。学校分五天寄宿部、全寄宿部和日间部，大部分学生为日间部学生。学校设立了一套荣誉奖励体系鼓励学生上进，该校学生平均分绝大多数 B 以上。大学主修课考试 75％的学生获得 4 分以上的成绩。每周教堂活动对培养学生正面道德精神有所帮助。学校的大学指导员会协助学生申请大学。学校参与各种课外活动,包括校际运动队比赛、丰富多样的美术项目和社区服务。

AP 课程设置:美国历史、西班牙语和文化、拉丁语、法语和文化、乐理、欧洲历史、微积分 AB/BC、生物学、物理 C、英国文学、宏观经济学、生物学、统计学、化学。

运 动 队:越野队、足球队、曲棍球队、游泳队、垒球队、田径队、棒球队、篮球队、排球队、网球队、英式足球队、高尔夫球队。

社 团:戏剧社、数学组、滑冰社、文学杂志社、法语社、国际象棋俱乐部、学生会、西班牙语社、科学组、户外活动组、艺术部。

历届学生去向:哈佛大学、耶鲁大学、加州理工大学、麻省理工学院、宾夕法尼亚大学、哥伦比亚大学、芝加哥大学、华盛顿大学、康奈尔大学、布朗大学、卡耐基梅隆大学、乔治城大学、弗吉尼亚大学、南加州大学、密歇根大学、北卡罗来纳大学、维克森林大学、波士顿学院。

233. St. Catherine's School(圣凯瑟琳学校)

网 址:www.st.catherines.org
所 在 州:弗吉尼亚州(Virginia)
地 址:6001 Grove Avenue, Richmond, VA23226
招生范围:3—12 年级
学生人数:女生 738 人
入学要求:SSAT 或 TOEFL 成绩、学校成绩单、教师推荐信、面试。
2019 年学费:US $28 900(日间部)
学校简介:这是一所规模较大的教区私立女子学校,建校于 1890 年。招收范围从幼儿园到高中十二年级,但寄宿部只招收高中生,分日间部和寄宿部两部分。招收的学生学习能力在平均水平以上。学校的整体环境有利于帮助学生取得出色的学业成就,发展他们的领导才能,激发她们对课外活动的兴趣。课程设置以大学预备为导向。除基本课程外,还有大学先修课。84%的学生成绩在 3 分以上(大学承认 AP 考试 3 分以上的成绩)。学校的体育运动队和各种不同的课外活动,这不但对学生申请大学有好处而且可终身受益。这些艺术、文学、体育等社团活动不但能培养学生的兴趣,而且能培养她们的组织能力和领导才能。

AP 课程设置:生物学、商务学、化学、经济学、英语、艺术史、拉丁语、音乐、体育、摄影、物理、心理学、西班牙语、戏剧学、法语、历史。

运 动 队:篮球队、高尔夫球队、游泳队、排球队、网球队、英式足球队、足球队。

社 团:艺术社、音乐社、水球社、视觉艺术社、学生会、宿管部。

历届学生去向：丹佛大学、麦迪逊大学。

234. St. Margaret's School（圣玛格莉特学校）

网　　址：www.sms.org

所 在 州：弗吉尼亚州（Virginia）

地　　址：P. O. Box 158，444 Water Lane，Tappahannock VA22560

招生范围：8—12 年级

学生人数：379 人

入学要求：学校成绩单、教师推荐信、面试。

2019 年学费：US $53 400（外国学生寄宿部）

学校简介：建校于 1921 年的小型大学预备女校，是一所教区属下的教会学校。学校采用较新的教学方法，强调跨学科的专业研讨、集体讨论、自学和外出旅行以实地考察，学生的背景多样化。学生和教师比例为 6：1，采用独特的咨询制度。学生毕业后 99％能进入理想大学。学校的重要设施包括新的图书馆，学生活动中心，艺术、舞蹈、音乐制作室和一个小区技术中心（内含科学实验室和食堂）。学校开设的其他课程有英语为第二语言课程（ESL）、为患注意力缺失症和有学习障碍的学生而设的特殊教育课程等。

AP 课程设置：微积分 AB/BC、法语和文化、生物学、英国文学、欧洲历史、美国历史。

运 动 队：英式足球队、游泳队、排球队、高尔夫球队、越野队、垒球队、网球队。

社　　团：合唱团、戏剧社、法语社、拉丁文学社、西班牙语社、学生会、宿管社。

历届学生去向：弗吉尼亚大学、维克森林大学、纽约大学、威廉和玛丽学院、乔治理工大学、罗切斯特大学、威斯康辛大学、伦斯勒理工学院、乔治·华盛顿大学、华盛顿大学、佛蒙特大学。

235. Stuart Hall（斯图亚特名人学校）

网　　址：www.stuarthallschool.org

所 在 州：弗吉尼亚州（Virginia）

地　　址：P. O. Box 210，235 West Frederick Street，Staunton，VA24402 - 0210

招生范围：8—12 年级

学生人数：300 人

入学要求：SSAT 成绩、学校成绩单、教师推荐信、面试。

2019 年学费：US $52 500（外国学生寄宿部）

学校简介：该校是小型的大学预备学校，建校于 1844 年。办学宗旨是使学生充分发挥他们的潜力,将来成为领导人才、学者、艺术家、运动员或演员等等。课程设置除基本大学预备基础课外,还有荣誉课、大学先修课等高级课程,学校也开设系统的视觉和表演艺术。该校学生毕业后可 100％进入大学。学校为有需要的学生设英语为第二语言课程、大学先修课和五天寄宿部。学校的新设施有科学中心、初中部校舍、体育馆、标准篮球场和排球场、两个练习场、一个训练室和举重室。

运 动 队: 篮球队、排球队、英式足球队、越野队、高尔夫球队。

社 团: 电影社、科学社、摄影社、录音社、数学组、电子琴社、演讲社。

历届学生去向: 波士顿大学、加州大学、杜克大学、密歇根大学、纽约大学、宾州州立大学、科罗拉多大学、丹佛大学、佛罗里达大学、罗切斯特大学。

236. Virginia Episcopal School(弗吉尼亚教区学校)

网 址: www.ves.org

所 在 州: 弗吉尼亚州(Virginia)

地 址: 400 VES Road, P. O. Box 408, Lynchburg, VA24503

招生范围: 9—12 年级

学生人数: 216 人

入学要求: SSAT、SAT、PSAT 成绩,学校成绩单,教师推荐信,面试。

2019 年学费: US \$60 650(外国学生寄宿部)

学校简介: 这是一所中型偏小的大学预备学校,建校于 1916 年。学校的目标是使成绩中等和超群的学生都能茁壮成长。小班制及优质教师是创造互动教学环境的重要因素。学校鼓励学生勇于面对挑战,所有从该校毕业的学生都能进入大学就读。该校学生在课堂上、运动场上和舞台上都有全新的成功表现。学校拥有最先进的科学和计算机中心,还有 30 000 平方英尺的室内田径场和网球中心。

AP 课程设置: 生物学、微积分 AB/BC、欧洲历史、乐理、西班牙语和文化、统计学、化学、英语和文化、英国文学、环境科学、法语、比较政府与政治、美国历史、物理 B、艺术。

运 动 队: 棒球队、足球队、网球队、英式足球队、高尔夫球队、曲棍球队、排球队、游泳队、越野队。

社 团: 戏剧社、学生会、摄影社、数学竞赛组、录音社、杂志社。

历届学生去向: 普林斯顿大学、耶鲁大学、斯坦福大学、宾夕法尼亚大学、哥伦比亚大学、芝加哥大学、杜克大学、达特茅斯学院、华盛顿大学、康奈尔大学、埃默里大学、加州大学伯克利分校、弗吉尼亚大学、南加州大学、密歇根大学、乔治·华盛顿大学、奥本大学、普渡大学、罗切斯特大学、伊利诺伊大学。

237. Woodberry Forest School(木莓林学校)

网　　址：www.woodberry.org

所 在 州：弗吉尼亚州(Virginia)

地　　址：241 Woodberry Station，Woodberry Forest，VA22989

招生范围：9—12 年级

学生人数：408 人

入学要求：SSAT 成绩、学校成绩单、教师推荐信、面试。

2019 年学费：US $57 250(外国学生寄宿部)

学校简介：这是一所中型的有 130 年历史的大学预备男校,建校于 1889 年。学校采用传统的教学方式,强调为大学作准备,培养学生的领导才能和为他人服务的精神。学校极力营造教师和学生在课堂上积极互动的良好气氛。学校设立的荣誉制度已有 100 多年历史。学校的课程严谨,开设有多门大学先修课。该校的艺术课和体育课可帮助学生发挥自己既有的才能和发现新的兴趣。

AP 课程设置：统计学、西班牙语和文化、西班牙文学、心理学、物理 B、乐理、拉丁语、拉丁文学、宏观经济学、微观经济学、艺术史、法语和文化、欧洲历史、环境科学、微积分 AB、微积分 BC、生物学。

运 动 队：越野队、田径队、跳水队、篮球队、英式足球队、游泳队、高尔夫球队、棒球队、曲棍球队、网球队。

社　　团：阅读社、戏剧社、合唱社、学生会、数学组、模特社、辩论社。

历届学生去向：哈佛大学、波士顿大学、哥伦比亚大学、麻省理工学院、迈阿密大学、斯坦福大学、科罗拉多大学、宾州州立大学。

238. Annie Wright School(安妮·莱特学校)

网　　址：www.aw.org

所 在 州：华盛顿州(Washington)

地　　址：827 North Tacoma Avenue，Tacoma，WA98403

招生范围：9—12 年级

学生人数：130 人

入学要求：原校成绩单。

2019 年学费：US $60 700(外国学生寄宿部)

学校简介：这是一所已有 130 年历史的小型女子学校,建校于 1884 年,是西部太平洋沿岸最古老的学校。课程设置以大学预备课为基础,要求严格。学校采用小班教学,教师与学生的比例3∶1,这个比例能促进师生互动,鼓励学生在学术上和个人发展上勇于冒险。由于是教会学校,学校非常重视精神层面的道德教育。邻近西雅图,学生可以参加当地的文化活动,而且可发展多项户外活动,如航海、划船、滑雪和野营等;学生也可参加各种社团活动。学校还为国际学生开设英语为第二语言课程(ESL)和五天寄宿部。

运 动 队:英式足球队、排球队、网球队、高尔夫球队、篮球队、越野队、田径队。

社　　团:宿管部、艺术社、创意写作社、戏剧教学社、新闻报社、现代舞社、故事社、数学组、辩论社、电影创作社。

历届学生去向:波士顿学院、波士顿大学、加州大学洛杉矶分校、圣地亚哥州立大学、西雅图大学、史密斯学院、纽约州立大学石溪分校、纽约州立大学。

239. The Northwest School(西北学校)

网　　址:www.northwestschool.org

所 在 州:华盛顿州(Washington)

地　　址:1415 Summit Avenue, Seattle, WA98122

招生范围:日间部:6—12年级

　　　　　 寄宿部:9—12年级

学生人数:508人

入学要求:学校三年平均成绩(要求大部分为A或B)、TOEFL成绩、英语笔试(要求4.0以上)、教师及学校推荐信。

2019年学费:US $62 460(外国学生寄宿部)

学校简介:这是一所中型的大学预备学校,建校于1980年。学校以日间部为主,寄宿部学生可以得到充分的生活照顾。该校以高素质教师、高水平课程和学校文化为号召。课程设置严谨,并带有从六年级至十二年级的连贯性。学校致力于以历史的、艺术的和国际性的知识装备学生,使学生具备在大学与社会上成功的条件。学校坚持严格挑选学生,入学学生的水平较高。学校强调礼貌、责任和宽容。课外活动内容丰富,并具教育意义。很多户外活动注重锻炼学生意志。学生有不同的社会经济背景,有20%获得学校的经济奖助,有15%来自其他国家,代表不同的族裔和文化。

AP课程设置:生物学、物理B等。

运 动 队:篮球队、越野队、田径队、排球队、英式足球队。

社　　团:舞蹈社、音乐社、电影社、视觉艺术社、新闻播报社、攀岩社、露营社、圆顶建筑社、海上皮艇社、滑冰社。

历届学生去向:埃默里大学、哈佛大学、奥本大学、宾州州立大学、西雅图大学、史密斯学院、乔治·华盛顿大学、加州大学伯克利分校、旧金山大学、南加州大学、华盛顿大学。

240. The Linsly School(林斯利学校)

网　　　址：www.linsly.org

所 在 州：西弗吉尼亚州(West Virginia)

地　　　址：60 Knox Lane，Wheeling，WV26003

招生范围：7—12 年级

学生人数：450 人

入学要求：SSAT 成绩、学校成绩单、教师推荐信、面试。

2019 年学费：US $39 730(外国学生寄宿部)

学校简介：这是一所传统的大学预备学校,建校于 1814 年,有近 200 年历史。学生遵照传统热爱学习,老师也有极大的积极性,课程设置严谨。学校的体育课设置和课外活动设置对学生参与体育运动和课外活动都很有吸引力。学校还根据学生的需求开设英语为第二语言课程和暑期班。

AP 课程设置：美国历史、物理 C、拉丁语、法语和文化、英国文学、英语和文化、心理学、物理 B、生物学、人类地理学、计算机科学 A、计算机科学 AB、微积分 AB/BC。

运 动 队：棒球队、越野队、冰球队、网球队、排球队、攀岩队、足球队、垒球队、篮球队、跳水队、高尔夫球队、曲棍球队、英式足球队、游泳队、田径队。

社　　　团：国际象棋社、德语社、莎士比亚社、技术社、数学社、摄影社、模特社、西班牙语社、学生会、环境科学社、动物保护组织、拼图社、历史社。

历届学生去向：哈佛大学、哥伦比亚大学、杜克大学、西北大学、约翰·霍普金斯大学、埃默里大学、莱斯大学、范德比尔特大学、圣母大学、加州大学伯克利分校、卡耐基梅隆大学、乔治城大学、弗吉尼亚大学、乔治亚理工学院、伊利诺伊大学。

241. St. John's Northwestern Military Academy(圣约翰西北军事学院)

网　　　址：www.sjnma.org

所 在 州：威斯康辛州(Wisconsin)

地　　　址：1101 N. Genesee Street Delafield，WI53018 - 1498

招生范围：7—12 年级

学生人数：393 人

入学要求：SSAT 成绩、学校成绩单、教师推荐信、面试。

2019 年学费：US $44 000(外国学生寄宿部)

学校简介：建校于1884年的一所中型教会学校。著名的校友是阿波罗13号宇宙飞船司令罗威尔。课程设置以大学预备为导向。学校的办学宗旨是：学生掌握时间的技巧和自律的同时，发展自己的个性、建立对生活的价值观。学校采用小班教学，由教师督导的自习课、强制性参与的体育课和教堂活动，都是为了学生今后在大学和社会的发展做好准备。JRTOC有差别荣誉制度，是培养学生领导才能和个人责任的重要方法。航空课、雷达训练、潜水训练、列队训练、童军组织则进一步培养学生的领导才能和新科学概念。学生在校培训即可考试取得航空师执照。

AP课程设置：美国历史、物理B、化学、统计学、生物学、英国文学。

运 动 队：高尔夫球队、垒球队、网球队、曲棍球队、篮球队、棒球队、越野队、足球队、冰球队、游泳队、田径队。

社　　团：合唱社、国际象棋社、戏剧社、滑雪社、乐队、校园唱诗班、风笛社。

历届学生去向：埃默里大学、佛罗里达州立大学、马凯特大学、西北大学、普渡大学、范德比尔特大学、威廉学院、密歇根州立大学、印第安大学、加州大学。

242. Wayland Academy(韦兰德学院)

网　　址：www.wayland.org

所 在 州：威斯康辛州(Wisconsin)

地　　址：101 N. University Avenue, Beaver Dam, WI53916

招生范围：9—12年级

学生人数：179人

入学要求：SSAT成绩、学校成绩单、教师推荐信、面试。

2019年学费：US $57 080(外国学生寄宿部)

学校简介：这是一所小型的大学预备学校，建校于1855年，也是全国最古老的寄宿学校之一。学校教授传统的大学预备基础课程，同时也开设大学先修课，各种培训课程、辅导课、学习技巧和组织技巧课以及阅读课都是重要辅助课程。学生受益于出色的教师及学校丰富的活动，州首府麦迪逊及密尔瓦基市的娱乐和体育活动也很受学生欢迎。学校还向学生提供经济资助。

AP课程设置：美国政府与政治、美国历史、拉丁语、德语和文化、英国文学、化学、宏观经济学、统计学、生物学、欧洲历史、微积分AB/BC。

运 动 队：棒球队、英式足球队、高尔夫球队、篮球队、游泳队、田径队、冰球队、网球队、越野队、排球队、垒球队。

社　　团：合唱社、舞蹈社、电影社、戏剧社、模特社、学生会、音乐社、马术社、烘焙社。

历届学生去向：西北大学、波士顿大学、卫斯理女子学院、格林内尔学院。

附　录

八 大 名 校

美国的顶尖大学里有八所常春藤盟校,分别是哈佛大学、耶鲁大学、普林斯顿大学、哥伦比亚大学、布朗大学、宾夕法尼亚大学、康奈尔大学及达特茅斯学院。与这些大学相得益彰的是顶尖的寄宿私立中学。这些学校不仅历史悠久,而且每年向顶尖名牌大学输送大量毕业生,也产生了众多名人,因其古老建筑上也攀满常春藤,故被称为常春藤中学。最著名的有美国东北部的八大名校[The Eight Schools Association(ESA)]。它们是:

1. Choate Rosemary Hall CT 齐奥特·罗斯玛莉学校;

2. Deerfield Academy MA 鹿田书院;

3. The Hotchkiss School CT 海契克斯学校;

4. The Lawrenceville School NJ 罗伦斯维尔学校;

5. Northfield Mount Hermon School MA 诺菲尔德里门山学校;

6. Phillips Academy Andover(Andover) MA 菲利普斯书院;

7. Phillips Exeter Academy NH 菲利普艾瑟特书院;

8. St. Paul's School NH 圣保罗学校。

开设有暑期班或夏令营的学校

美国的私立寄宿学校并不是每一所都开设暑期班或夏令营。家长如果不敢肯定孩子是否喜欢或适应离家留学外国生活，最好的方法是先选择一所开设有暑期班或夏令营的学校，让孩子先上暑期班，然后再根据孩子的适应情况进行取舍。

The Orme School	AZ 奥姆学校
Southwestern Academy	AZ 西南书院
Army and Navy Academy	CA 加州陆海军学院
Dunn School	CA 岱恩学校
Beasant Hill School of Happy Valley	CA 快活谷学校
The Harker School	CA 哈克学校
Idyllwild Arts Academy	CA 牧诗文科书院
Monte Vista Christian School	CA 蒙达韦斯达基督学校
Ojai Valley School	CA 奥塞谷学校
Southwestern Academy	CA 西南书院
Stevenson School	CA 史蒂文森学校
The Webb School	CA 伟博学校
Colorado Rocky Mountain School	CO 科罗拉多落基山学校
Cheshire Academy	CT 撒沙书院
Choate Rosemary Hall	CT 齐奥特·罗斯玛莉学校
Eagle Hill School	CT 鹰岭学校
The Glenholme School	CT 格兰荷姆学校
Kent School	CT 坎特学校
The Loomis Chaffee School	CT 卢米斯学校
Marianapolis Preparatory School	CT 玛莉安那波利斯学校
Marvelwood School	CT 奇异木学校
Miss Porter's School	CT 波特斯女校
The Oxford Academy	CT 牛津书院
The Rectory School	CT 教区学校
Rumsey Hall School	CT 林西名人学校
Saint Thomas More School	CT 圣汤玛士摩尔学校
Salisbury School	CT 索尔兹伯利学校
Suffield Academy	CT 萨菲尔德书院

The Taft School	CT 塔夫脱学校
St. Albans School	DC 圣奥本斯学校
Montverde Academy	FL 蒙特佛德书院
Saint Andrew's School	FL 圣安德鲁斯学校
Brandon Hall School	GA 布兰顿学校
Darlington School	GA 达灵顿学校
Hawaii Preparatory Academy	HI 夏威夷预备学校
Lake Forest Academy	IL 湖林书院
Woodlands Academy of the Sacred Heart	IL 林地圣心书院
The Culver Academies	IN 冠佛书院
Maur Hill Prep School	KS 茅坡大学预备学校
Gould Academy	ME 古德书院
Hyde School	ME 海德学校
Maine Central Institute	ME 缅因中部书院
West Nottingham Academy	MD 西诺丁汉书院
Cushing Academy	MA 吉顺书院
Eaglebrook School	MA 鹰溪学校
Fay School	MA 小仙子学校
The Fessenden School	MA 菲森顿学校
Governor Dummer Academy	MA 总督书院
Hillside School	MA 岭边学校
Landmark School	MA 地标学校
Lawrence Academy	MA 罗伦斯书院
Northfield Mount Hermon School	MA 北田贺曼山学校
Phillips Academy	MA 菲利普斯书院
Tabor Academy	MA 达坡书院
Walnut Hill School	MA 核桃坡学校
The Winchendon School	MA 威契安顿学校
Interlochen Arts Academy	MI 英特洛晨艺术书院
The Leelanau School	MI 李兰诺学校
Shattuck-St. Mary's School	MN 圣玛莉学校
St. Stanislaus School	MS 圣斯坦尼斯洛斯书院
Brewster Academy	NH 布鲁斯特书院
Cardigan Mountain School	NH 卡迪根山学校

New Hampton School	NH 新汉普顿学校
Phillips Exeter Academy	NH 菲利普艾瑟特书院
Wolfeboro Camp School	NH 沃夫营学校
The Hun School	NJ 汉学校
The Peddie School	NJ 帕帝学校
New Mexico Military Institute	NM 新墨西哥军事学院
The Gow School	NY 格奥学校
Hackley School	NY 哈克莱学校
Hoosac School	NY 胡萨克学校
The Kildonan School	NY 奇多南学校
Maplebrook School	NY 枫树溪学校
The Masters School	NY 名家学校
New York Military Academy	NY 纽约军事学校
The Asheville School	NC 艾希维尔学校
Christ School	NC 克里斯特学校
The Andrews School	OH 安德鲁斯学校
The Grand River Academy	OH 大河书院
Orego Episcopal School	OR 奥立根教区学校
The Grier School	PA 格里阿学校
The Hill School	PA 希尔学校
Kiski School	PA 基士奇学校
Linden Hall School for Girls	PA 林登名人女校
Mercersburg Academy	PA 姆萨斯堡学校
Milton Hershey School	PA 弥尔顿河水学校
The Phelps School	PA 费尔彼斯学校
Shady Side Academy	PA 影边书院
Solebury School	PA 苏伯利学校
Wyoming Seminary	PA 怀俄明高等中学
Portsmouth Abbey School	RI 朴次茅斯修道院学校
St. George's School	RI 圣乔治学校
Ben Lippen School	SC 班立本学校
St. Andrew's-Sewanee School	TN 圣安德斯斯文学校
The Webb School	TN 苇伯学校
The Hockaday School	TX 霍克弟学校

Saint Mary's Hall　　　　　　　　　　　　TX 圣玛莉名人学校

Wasatch Academy　　　　　　　　　　　　UT 华萨其书院

The Putney School　　　　　　　　　　　　VT 蒲特尼学校

St. Johnsbury Academy　　　　　　　　　　VT 圣约翰伯利书院

The Blue Ridge School　　　　　　　　　　VA 蓝岭学校

Christchurch Episcopal School　　　　　　VA 基督教教区学校

Hargrave Military Academy　　　　　　　　VA 哈格雷夫军事学校

Oak Hill Academy　　　　　　　　　　　　VA 橡木岭书院

Randolph-Macon Academy　　　　　　　　VA 兰道夫梅根书院

St. Anne's-Belfield School　　　　　　　　VA 圣安妮比尔菲学校

Woodberry Forest School　　　　　　　　　VA 木莓林学校

The Northwest School　　　　　　　　　　WA 西北学校

The Linsly School　　　　　　　　　　　　WV 林斯利学校

St. John's Northwestern Military Academy　WI 圣约翰西北军事学院

军 事 学 校

　　人们只要听到军事学校,马上联想到军队,会以为这是为军队培养人才的学校,其实在美国的寄宿中学并不是这么回事。他们仍然和普通中学一样,以各学科的基础课程为主,为学生升入大学做准备。但是,这些学校的创办人认为,在管理上和日常事务上采用军队的训练方式,会有助于培养学生的纪律性、自觉性、生活纪律性和领导才能,使我们的学习动机更强,学习成绩更为优异。也有很多私立军事学校和美国军事院校联系密切。历史上许多名人毕业于军事中学。

Army and Navy Academy	CA 加州陆海军学院
Admiral Farragut Academy	FL 佛拉格特海军书院
Riversidw Military Acadmey	GA 河边军事书院
The Culver Academies	IN 冠佛书院
New Mexico Military Institute	NM 新墨西哥军事学院
New York Military Academy	NY 纽约军事学校
Carson Long Military Institute	PA 卡森隆军事学校
Valley Forge Military Academy & College	PA 溪谷锻炼军事书院
San Marcos Baptist Academy	TX 圣马可斯浸会书院
Hargrave Military Academy	VA 哈格雷夫军事学校
Massanutten Military Academy	VA 玛珊努顿军事书院
Randolph-Macon Academy	VA 兰道夫梅根书院
St. John's Northwestern Military Academy	WI 圣约翰西北军事学院

开设有特殊教育课程的学校

　　美国政府每年投入大量资金给私立学校的特殊教育。特殊教育对有学习障碍或身心障碍的学生来说,有着至关重要的作用。这些学生在普通教育对象里,是容易忽略的一群。通过特别的教育或训练,这些学生不仅能像普通人一样学习、工作和生活,而且还能发掘出来他们超越常人的才能。

Ojai Valley School	CA 奥塞谷学校
Colorado Timberline Academy	CO 科罗拉多林边书院
Eagle Hill School	CT 鹰岭学校
The Forman School	CT 科文学校
The Glenholme School	CT 格兰荷姆学校
Indian Mountain School	CT 印第安山学校
Marvelwood School	CT 奇异木学校
The Oxford Academy	CT 牛津书院
The Rectory School	CT 教区学校
Rumsey Hall School	CT 林西名人学校
South Kent School	CT 南坎特学校
Suffield Academy	CT 萨菲尔德书院
The Woodhall School	CT 木厅学校
Montverde Academy	FL 蒙特佛德书院
The Vanguard School	FL 永嘉学校
Brandon Hall School	GA 布兰顿学校
Brehm Preparatory School	IL 布莱姆预备学校
La Lumiere School	IN 拉卢米尔学校
Maur Hill Prep School	KS 茅坡大学预备学校
Bridgton Academy	ME 布里奇顿书院
Fryeburg Academy	ME 费拉堡书院
Kents Hill School	ME 坎兹坡学校
Maine Central Institute	ME 缅因中部书院
Chapel Hill-Chauncy Hall School	MA 教堂山学校
Hillside School	MA 岭边学校
Miss Hall's School	MA 名人女子学校
Wilbraham & Monson Academy	MA 威伯汉和蒙申书院

The Winchendon School	MA 威契安顿学校
The Leelanau School	MI 李兰诺学校
St. Stanislaus School	MS 圣斯坦尼斯洛斯书院
Dublin School	NH 都伯苓学校
Hampshire Country School	NH 罕布夏乡间学校
New Hampton School	NH 新汉普顿学校
Tilton School	NH 提尔顿学校
Wolfeboro Camp School	NH 沃夫营学校
The Pennington School	NJ 潘宁顿学校
Darrow School	NY 达罗学校
The Gow School	NY 格奥学校
Hoosac School	NY 胡萨克学校
The Kildonan School	NY 奇多南学校
Maplebrook School	NY 枫树溪学校
Northwood School	NY 北林学校
Storm King School	NY 史坦金学校
St. Thomas Choir School	NY 圣汤玛士学校
The Grand River Academy	OH 大河书院
The Grier School	PA 格里阿学校
Perkiomen School	PA 帕基奥曼学校
The Phelps School	PA 费尔彼斯学校
Andrew's School	RI 圣安德鲁斯学校
Wasatch Academy	UT 华萨其书院
St. Johnsbury Academy	VT 圣约翰伯利书院
Christchurch Episcopal School	VA 基督教教区学校
Hargrave Military Academy	VA 哈格雷夫军事学校
St. Margaret's School	VA 圣玛格莉特学校